VINDOBONA

VERLAG SEIT 1946

AF146130

Karin
Vukmanic-Widy

Warum schaut Gott zu?

Mögliche Antworten auf
die großen Fragen der Menschheit

VINDOBONA
VERLAG · SEIT 1946

Bibliografische Information
der Deutschen Nationalbibliothek:

Die Deutsche Nationalbibliothek
verzeichnet diese Publikation in
der Deutschen Nationalbibliografie.
Detaillierte bibliografische Daten
sind im Internet über
http://www.d-nb.de abrufbar.

www.vindobonaverlag.com

© 2024 Vindobona Verlag

ISBN 978-3-903574-47-2
Lektorat: Daphne Schild
Umschlagfoto:
Jacob_09 BK | Dreamstime.com
Umschlaggestaltung, Layout & Satz:
Vindobona Verlag

Gedruckt in der Europäischen Union
auf umweltfreundlichem, chlor- und
säurefrei gebleichtem Papier.

Dieses Buch widme ich allen,
die auf der Suche nach Antworten sind

Inhaltsverzeichnis

Vorwort

Warum schaut Gott zu? Diese Frage stellen die Menschen schon seit Ewigkeiten. Aber gerade in den letzten Jahren wird diese Frage immer lauter. Flüchtlingsbewegungen, Corona, Kriege auf der ganzen Welt, Klimakrise, Wirtschaftskrise usw. machen das Leben der Menschen schwer und unbegreiflich. Warum schaut Gott zu? Warum müssen wir so leiden? Warum hört er uns nicht und greift ein? Wenn er uns wirklich so liebt, wie uns die Religionen so predigen, warum lässt er all das zu?

Das sind einige der großen Fragen, die sich nicht in ein paar Sätzen erklären lassen. Die Glaubensgemeinschaften versuchen, Antworten zu geben – was ihnen bis zu einem gewissen Grad auch gelingt. Aber zu viel Symbolik und unverständliche Metaphern machen es oft schwer, die Zusammenhänge zu verstehen und auf sich zu beziehen. Abgesehen davon wird nur versucht, zu erklären, was vor unseren Augen abläuft, aber nicht, was im Hintergrund, in der der geistigen Welt passiert. Es ist vergleichbar mit einem Computer, bei dem wir zwar die oberflächlichen Programme benutzen, aber nicht verstehen, was eigentlich Aufwendiges im Hintergrund passiert, damit wir die Benutzeroberfläche überhaupt verwenden können.

Man muss mutig und offen sein, um sich auf diese hintergründige Welt einzulassen, weit über den Tellerrand blicken und seinen Horizont erweitern. Man muss sich mich seinem göttlichen Funken auseinandersetzen, sich für seine Spiritualität öffnen. Wenn man es zulässt, wird einem schnell klar, dass man weder Angst noch Vorbehalte zu haben braucht, weil diese Welt genauso real ist wie diese, auf der wir spazieren gehen. Gott, das Universum, die geistige Welt – jeder nennt es anders. Das ist durchaus legitim, denn jeder hat einen anderen Zugang und sollte es so praktizieren, wie es für ihn am besten passt. Ich behalte mir vor, in diesem Buch von Gott und der geistigen Welt zu sprechen, weil es so für mich am einfachsten ist. Natürlich ist Gott geschlechtsneutral. Aber dazu mehr im nächsten Kapitel.

Die Menschen beten zu Gott, wenn es ihnen schlecht geht und sie keine Hoffnung mehr haben. Das ist vollkommen normal und wird auch in der Gesellschaft durchaus angenommen. Aber wenn man von Spiritualität spricht, blocken die Menschen oft ab, belächeln die Thematik, weil sie vermutlich Angst haben, sich mit neuen Dingen zu befassen, die ihnen fremd, nicht fassbar sind. Trotzdem lassen viele ihre Kinder taufen und firmen bzw. heiraten kirchlich. Dies sind alles spirituelle Rituale – nur ist es ihnen nicht bewusst.

Aber durch die Spiritualität eröffnet sich einem das Universum. Mittels Mediation und Kontemplation ist es möglich, sich mit dem Göttlichen zu verbinden und Antworten auf seine Fragen zu erhalten. Übrigens ist das nicht nur auserwählten Menschen möglich, sondern JEDER kann sich mit Gott verbinden! Man braucht keinen Guru oder Meister, um mit Gott zu sprechen. Jeder Mensch ist in der Lage dazu, wenn er die Geduld aufbringt und sich im Meditieren übt, damit er die Stille im Geist findet, um mit Gott zu sprechen. Natürlich gibt es Personen, die darin schon geübt sind und einem auf dem Weg zur Spiritualität unterstützen können, aber grundsätzlich trägt man das Werkzeug dazu in sich selbst.

Die folgenden Kapitel sollen Sie inspirieren und nicht als vollendete Wahrheit gesehen werden. So viele Menschen es auf der Erde gibt, so viele Wahrheiten gibt es. Wir alle sind von verschiedenen Lebenserfahrungen geprägt, sodass jeder eine andere Wahrnehmung hat. Nehmen wir zum Beispiel eine Hochzeit mit 100 Gästen. Jeder dieser Gäste hat dieselbe Hochzeit erlebt, aber jeder wird eine andere Version davon erzählen. Jede Person hat eine subjektive Wahrnehmung und nimmt nur das wahr, das ihm wichtig erscheint. So haben wir 100 Versionen von ein und demselben Ereignis. Die Essenz bleibt jedoch gleich. Darum liegt es an uns, die Essenz aus allen Berichten und Erzählungen über Gott und die geistige Welt herauszufinden.

Dieses Buch kann Ihnen dabei helfen, sich dem Göttlichen zu öffnen, bzw. gibt Ihnen mögliche Antworten, warum schlimme Dinge passieren und warum trotzdem alles seine göttliche Ordnung hat. Es geht auch nicht um Religion; es ist ein Zusammenfügen einiger Essenzen verschiedener Religionen, weil erst durch das Vereinen von Mosaiksteinchen dieser Glaubensgemeinschaften ein verständlicheres Bild entsteht. Durch das Hinzufügen von Informationen aus der geistigen Welt komplettiert sich dieses Bild und wird für uns Menschen erfassbar.

Ich hoffe, dass Sie am Schluss zufriedenstellende Antworten für sich gefunden haben und Sie die Welt von einer anderen, verstehenderen Perspektive betrachten.

Viel Freude beim Lesen!

Kapitel 1

Wer ist Gott?

Wie sieht Gott aus? Ist er ein alter Mann mit langem Bart, der auf den Wolken thront und über uns wacht? Oder ist er gar ein glatzköpfiger, dicker Mann mit einem fröhlichen Lachen? Ich denke, weder noch. Gott ist eigentlich unbeschreiblich und unfassbar wegen seiner Komplexität, die der Mensch niemals entschlüsseln kann, weil er dafür einfach nicht gemacht ist. Wir können ihn nur erahnen und ihn fühlen, wenn wir uns auf ihn einlassen. Allerdings gibt er uns sehr wohl einfache Erklärungen, damit wir ihn zumindest minimal mit unserem kleinen Menschenverstand andeuten können. Gott ist das absolute Energiefeld, das sich ständig expandiert und erneuert. Nicht in Zahlen oder in irgendeiner Weise messbar, weil er einfach alles ist. Gleichzeitig ist er auch die absolute Leere, aus der alles entsteht. Alles ist also gleichzeitig alles und auch nichts. Für ihn gibt es keine Zeit und keinen Raum, sondern alles läuft in Zyklen ab. Zeit und Raum hat er nur für uns Menschen erschaffen, damit wir uns auf der Erde zurechtfinden. Natürlich hat dieses Energiefeld kein Geschlecht, es hat viele Namen wie „Gott", „Jahwe", „Allah", „das Universum" usw.

Er ist die allumfassende Liebe, die nicht wertet oder verurteilt. Gott nimmt uns einfach, wie wir sind; egal was wir tun. Nichts könnte ihn enttäuschen, weil er von uns nichts erwartet. In seiner großen Liebe ist er immer und ständig bei uns und freut sich, wenn wir zu ihm sprechen – sei es im Gebet oder in Zwiesprache mit ihm oder indem wir direkt mit ihm kommunizieren. Er lässt uns an ihm zweifeln und hadern. Das gefällt ihm sogar, weil er dann weiß, dass wir auch unseren Verstand benutzen, um uns mit ihm auseinanderzusetzen. Gott schickt uns Zeichen und Wunder, damit wir sein Dasein bemerken. Kein Problem, keine Sorge ist ihm zu banal, als dass wir ihn damit belästigen könnten. Auch sind wir nicht zu gering oder minder, um mit ihm in Kontakt zu treten. Wenn wir ihn um Hilfe bitten, findet er natürlich Mittel und Wege, um uns zu helfen, auch wenn wir ihn nicht wahrnehmen können. Dann gibt es meist *Zufälle*, die sich ereignen. In der spirituellen und geistigen Welt nennt man das *Synchronizitäten*, denn es gibt keine Zufälle. Alles ist koordiniert und hat System, auch wenn es für uns nicht ersichtlich ist. Oft dauert es eine Weile, bis seine Hilfe bei uns ankommt. Aber das hängt damit zusammen, dass im Hintergrund so vieles passiert, das wir gar nicht wahrnehmen. Dazu kommen wir später ausführlicher. Alles hat seinen Sinn! Nur dumm, dass wir das meist erst im Nachhinein erkennen.

Er ist Alpha und Omega, der Anfang und das Ende.

Kapitel 2

Gott und die Welt

Warum erschuf Gott Mutter Erde? Na ja, ich nenne es mal ganz banal Neugierde. Er wollte einfach wissen, wie es sich in einem begrenzten Raum lebt. So hat er auch die Dualität entwickelt. In seiner Unendlichkeit wollte er einfach mal spüren, wie es sich anfühlt, an seine Grenzen zu gehen und einen Körper zu haben. Er entwickelte die Erde als Erfahrungsplaneten, der sich, wie er, ständig weiterentwickelt. In jedem von uns steckt der göttliche Funke, unser höheres Selbst, das ständig mit Gott in Kontakt ist, um die Erfahrungswerte direkt an ihn weiterzuleiten.

Damit aber alles in geordnete Bahnen läuft, erzeugte er Energiefelder mit niedrigerer Schwingung als seine, Energiefelder, die den Prozess und die Abläufe rund um Mutter Erde beobachten und im Notfall eingreifen. Wir nennen sie Götter, Engel usw. Ihre Schwingungsfrequenz ist deshalb niedriger als die von Gott, damit sie direkt einschreiten können. Für Ihn wäre es nicht möglich, da wir Wesen von der Erde seine Energie nicht ansatzweise überleben würden. Stellen Sie sich vor, Sie wollen ein Handy mit einer Hochspannungsleitung laden. Wäre für das Handy wahrscheinlich nicht so prickelnd. Engel sind quasi unsere Transformatoren, die als Vermittler zwischen uns und Gott fungieren, die komplexen Vorgänge überwachen, die hier auf der Erde stattfinden. Auch wenn wir vieles nicht verstehen, hat alles seine Ordnung.

Man kann das ganze Konstrukt ungefähr so annehmen, als wäre Gott ein riesiger Server (Hauptcomputer) mit Milliarden von Clients (Computer). Jeder Rechner übermittelt ihm seine Daten, also unsere Lebenserfahrungen, und dadurch entwickelt auch er sich weiter. Unser höheres Selbst übernimmt in diesem Fall die Leitungsfunktion zu Gott. Wenn wir sterben, sind unsere ganzen Erlebnisse, Emotionen und Erfahrungen trotzdem im Server gespeichert. Auch können Daten bei anderen Clients gespeichert sein – aber davon berichte ich im Kapitel der Seele. Engel wären dann in diesem beschriebenen Szenario unsere Administratoren, die darauf achten, dass alles reibungslos abläuft, sodass die Daten geschützt zum Server laufen.

Wenn Sie also Probleme, Kummer oder Sorgen haben, rufen Sie unbedingt die Administratoren, um Ihnen zu helfen! Sie tun das wirklich gerne! ☺

Sie haben sicherlich schon mal Menschen getroffen, zu denen Sie unbedacht „Sie sind wirklich ein Engel" gesagt haben, weil sie äußerst hilfsbereit, freundlich und herzlich zu Ihnen waren. Dann kann es sein, dass es ein Engel in Menschengestalt war. Denn einige der Engel wurden als Menschen geboren, um hier vor Ort im Geschehen mitzuwirken und zu helfen. Allerdings muss man hier von den Menschen unterscheiden, die ein Helfersyndrom haben. Diese Menschen helfen nur, damit sich ihr Ego an der Hilflosigkeit und Dankbarkeit von leidenden Menschen aufbauen kann.

Wahre Engel helfen aus reiner Nächstenliebe und machen das meist unbemerkt. Es ist ihnen fremd, damit zu prahlen und sich hervorzuheben. Obwohl sie Engel sind, haben sie den gleichen Körper, die gleichen Emotionen, Probleme und Sorgen wie alle Menschen auch. Ansonsten würden sie die Menschen nicht verstehen, könnten ihnen nicht menschengerecht helfen. Sie leben meist zurückgezogen, um ihre Energie in Ruhe aufzuladen und vor äußeren, negativen Einwirkungen zu schützen. Sie sind sehr spirituell und sich ihrer Mission auf Erden bewusst. Dementsprechend handeln sie auch danach, richten ihr Leben nach Gott und der geistigen Welt aus. Allerdings genießen sie durchaus die Vorzüge des Menschseins auf Erden und wissen diese auch sehr zu schätzen.

Doch zurück zu Gott. Er liebt diesen Planeten und möchte immer das Beste für uns. Er hat hier für uns einen Spielplatz kreiert, der seinesgleichen sucht. Die Dualität hier gibt es sonst nirgends in diesem Universum. Alle anderen Planeten sind bereits höher entwickelt und die Seelen benötigen keinen physischen Körper mehr. Aber hier auf Erden gibt es gut und böse, schwarz und weiß, hell und dunkel, hoch und tief, traurig und fröhlich, usw. Hier gibt es die zehn Gebote und Gesetze, damit das Zusammenleben funktioniert. Alles Weltliche ist hier möglich.

Allerdings steigt unser Planet jetzt auf und erhöht seine Schwingung enorm. Wir leben mitten im Umbruch, und alles, was nicht mehr der göttlichen Ordnung entspricht, wird aufgelöst. Wir Menschen haben diesen wunderschönen Planeten mit unserem freien Willen – den erkläre ich später noch genauer – derart malträtiert, sodass Gott und die geistige Welt jetzt eingreifen, damit wir Mutter Erde, und in weiterer Folge natürlich jeden Einzelnen von uns, nicht noch mehr zerstören und irreparabel machen. Darum sind derzeit auch viele Engel inkarniert, damit sie hier vor Ort gezielt mithelfen können.

Natürlich herrscht momentan das volle Chaos hier, und es werden sehr viele Ängste geschürt. Nichts ist mehr sicher, und wir haben keine Kontrolle mehr. Aber das muss so sein, weil die Geschicke jetzt von der geistigen Welt gelenkt werden. Ich habe einen menschlichen Vergleich dazu: Stellen Sie sich vor, jemand hat Ihnen ein tolles, schönes Haus gekauft und Sie wissen nichts davon. Plötzlich kommt eine Umzugsfirma, sortiert aus, wirft weg, was Sie nicht mehr brauchen, wirbelt durchs Haus wie ein Wirbelsturm. Sie wissen nicht, was los ist, geschweige denn, was sie tun sollen, setzen sich nieder und lassen einfach alles passieren. Doch ganz tief im Inneren wissen Sie, dass alles so sein muss. Irgendwann geht das alles vorbei und wendet sich zum Guten – auch wenn es momentan nicht so aussieht.

Genauso läuft es jetzt ab. Es wird sortiert, weggeschmissen, ausgeräumt und gereinigt. Leider äußert es sich global gesehen so, dass wir mit Krieg, Pandemie, Klima- und Umweltkatastrophen, persönlichen Schicksalen usw. konfrontiert werden. Der Schmerz ist zuweilen unerträglich, und wir werden an unser absolutes Limit gebracht. Für jeden Einzelnen von uns ist es sehr schwierig, und wir verzweifeln, was nur allzu verständlich ist.

Aber auf göttlicher Ebene ist alles in Ordnung und muss so sein. Und egal, was kommt, wir haben immer den Beistand von Gott und der geistigen Welt. Mehr dazu in Kapitel 6.

Kapitel 3

Was ist die Seele?

Ist die Seele unser Hirn? Wohnt sie im Herz? Hat jeder Mensch eine Seele? Kann die Seele sterben?

Fragen über Fragen. Wie schon zuvor bei Gott und den Engeln erklärt, ist auch unsere Seele ein Energiefeld. Ein relativ niedrig schwingendes, um auf der Erde leben zu können. Auch Tiere haben eine Seele, allerdings schwingt deren Seele noch ein wenig niedriger als bei Menschen. Kaum zu glauben, aber wahr. Bei manchen Menschen bin ich mir nicht so sicher ☺.

Die Seele wohnt und schwingt in unserem ganzen Körper. Nicht der Körper umgibt die Seele, sondern genau umgekehrt. Darum hat sie die Möglichkeit, mit etwas Übung auch zu expandieren. Die Seele tut sich oft sehr schwer damit, an diesem Körper gebunden zu sein, weil auch sie die absolute, grenzenlose Freiheit kennt. Sie sehnt sich nach Zuwendung und Liebe, weil das ihr Ursprung ist. Sie macht unseren Charakter aus, gibt uns unser Aussehen und bringt uns durchs Leben. Je älter die Seele ist, umso beschwerlicher ist oft der Lebensweg.

Die Seele ist zwar nicht so ein komplexes Energiefeld wie Gott und die Engel, aber sie hat auch ganz schön was drauf und ist zuweilen für den menschlichen Verstand auch nicht greifbar. Sie kann mit all den Energiefeldern verschmelzen, aber auch allein agieren. Außerdem kann sie sich teilen und mit anderen Seelen bzw. Seelenanteilen kooperieren.

Wie schon in Kapitel 1 erwähnt, wollte Gott die Begrenzung kennenlernen und erschuf bzw. entwickelte deshalb den Menschen. Er gab Mutter Erde und all ihren Bewohnern eine Schwingung bzw. ein Energiefeld, so auch dem Menschen. Durch unsere Seele und unserem höheren Selbst hat Gott die Möglichkeit, zu erfahren, wie es sich in einer materiellen Welt lebt. Anfangs noch konfrontiert mit grundlegenden Überlebensstrategien, existiert die Seele heute in einer digitalisierten Welt. Man kann sagen, der physische Körper und die Seele haben sich gemeinsam weiterentwickelt.

Aber anders als unser Körper hat unsere Seele kein Ablaufdatum, sie lebt ewig und kehrt nach dem physischen Tod zurück zu ihrem Ursprung; zum Hauptenergiefeld Gott. Aber sie kann auch gleichzeitig den Alleinstatus beibehalten, um z. B. die Angehörigen zu besuchen oder deren Seelen zu empfangen, wenn auch sie wieder zum Ursprung zurückkehren, wenn unser Körper stirbt. Sprich die Seele kann sich aufteilen, ihre Teile sind aber miteinander verbunden. Wie gesagt ist die Seele ein Energiefeld und somit recht flexibel und wandelbar. Wenn vor 100 Jahren jemand gesagt hätte, dass man heute vom Wohnzimmertisch aus mit etlichen Menschen eine Videokonferenz veranstalten kann, wäre man wahrscheinlich sehr schnell in einer Heilanstalt gelandet. Heute ist das ganz normal. Insofern ist es für das Energiefeld Seele durchaus möglich, an mehreren Orten gleichzeitig zu sein. Das ist für unseren Verstand nicht leicht zu verstehen bzw. schwer zu glauben.

Die Seele hat noch eine tolle Eigenschaft: Sie kann sich nicht nur aufteilen, sie kann auch ihre Erfahrungen teilen und anderen Seelen auf Erden in Menschengestalt unterstützen.

Nehmen wir mal an, eine junge Frau möchte Künstlerin werden, hat aber bisher als Sekretärin gearbeitet und auch sonst keine Verbindungen zur Künstlerwelt. Aber sie hat zu Hause, ohne dass sie es jemanden erzählt hat, großartige Bilder gemalt und konnte einfach nie den Mut aufbringen, sich jemanden anzuvertrauen, geschweige denn in einer Galerie anzufragen. Wenn es nun in ihrem Seelenplan (die Beschreibung des Seelenplanes kommt im nächsten Kapitel) aufscheint, dass sie eine kreative Künstlerin in diesem Leben sein möchte, kann es sein, dass sich Seelenanteile z. B. verstorbener Künstler bei ihr anbinden, um ihr auf ihrem Weg zu helfen. Eventuell kommt noch die tapfere Seele einer Heldin dazu, die ihr hilft, mutig zu sein. So schart sich oft eine Gruppe von Seelenanteilen zusammen, um eine inkarnierte Seele bei einer Aufgabe zu unterstützen, und alle haben eine Win-win-Situation. Denn die Seele im Körper des Menschen bekommt eine effiziente Unterstützung von den Seelenanteilen, die ihre Erfahrungen schon gemacht haben, und die Seelenanteile bekommen neue Erfahrungen, ohne dafür jedes Mal inkarnieren zu müssen. Einfach genial!

Kapitel 4

Die Seele und die Welt

Vor der Geburt auf Erden gibt es ein Meeting. In diesem wird ein Vertrag aufgesetzt, in dem die Seele und Gott einen Seelenplan ausarbeiten. So wird besprochen (telepathiert oder was auch immer), welche Erfahrungen die Seele in diesem Leben machen möchte. Hier kommt der oft genannte *freie Wille* ins Spiel. Weil sich die Seele hier alles aussuchen darf, was sie auf Erden erleben möchte. Gott begrenzt sie nur dann, wenn er weiß, dass es für sie zu viel wird und sich damit übernimmt. Die Seele kann unbeschränkt auf alle Möglichkeiten zugreifen, aber sie muss es dann auch durchziehen. Das ist die Krux an der Geschichte, weil sich in der Theorie, sprich im Jenseits, Himmel, Nirwana oder wie Sie es nennen möchten, für die liebe Seele oft vieles einfacher anhört, als es dann ist. Auf Erden kommt sie dann manchmal ins Straucheln und ärgert sich über sich selbst, wie blöd sie war. Nein, das war nur ein Scherz; die Seele kann sich darauf verlassen, dass Gott ihr nur so viel zumutet, wie sie auch schafft. Kennen Sie auch das Gefühl und den Moment, in dem alles zusammenbricht, und Sie sich dachten, das war es, und Sie absolut keine Möglichkeit mehr sahen? Und irgendwie ging es dann doch weiter, und Sie sind aus der Krise stärker hervorgegangen als je zuvor. Und alles hatte seinen Grund und Sinn.

Der Mensch tut gut daran, seiner Seele zu folgen und mit dem Strom zu schwimmen, denn er muss seine Erfahrungen machen – ob sein Ego will oder nicht. Versucht er, seine Aufgaben zu umgehen oder zu verdrängen, wird er so lange damit konfrontiert, bis er sie endlich macht. Meistens wird es immer schlimmer, je mehr man sich dagegen wehrt. Oder er nimmt sie ins nächste Leben mit, weil seine Zeit abgelaufen war und er diese Aufgabe nicht erledigt hat. Aber dazu später noch mehr. Es werden in diesem Meeting auch die Rahmenbedingungen festgesetzt, mit wem und wo die Seele agiert. Seelen untereinander schließen auch Verträge ab. Jede Seele ist bemüht, so viel wie möglich aus dem Leben rauszuholen und so viele Erfahrungen wie möglich zu sammeln.

Und hier kommen wir zum Titel des Buches: Warum schaut Gott zu?

Weil hier im Beisein von Gott alle Seelen gemeinsam beschließen, was sie zusammen erarbeiten. Eine Seele möchte z. B. erleben, vergewaltigt zu werden, und sucht sich jetzt eine Seele, die sich bereit erklärt, sie zu vergewaltigen. Sie werden jetzt vielleicht aufschreien und sagen, niemand wünscht sich sowas!!! Sie haben auf menschlicher Ebene sicherlich recht, aber die Seele beschließt das im Jenseits ohne Emotionen und menschliche Einflüsse. Sie möchte auf den Spielplatz Erde inkarnieren und dieses Spiel spielen, diese Herausforderung annehmen, um auf ein höheres Level zu kommen. Es ist tatsächlich mit einem Computerspiel zu vergleichen. Von Level zu Level wird es schwieriger, und trotzdem reizt uns die Herausforderung, und wir machen immer weiter. Irgendwann haben wir alles erlebt, haben das Spiel bzw. alle Level durchgespielt. Dann steigt die Seele aus dem Rad der Wiedergeburt aus oder kommt nur mehr des Spaßes wegen auf die Erde. So abstrakt sich das auch anhört, ist das die plausibelste Erklärung dafür, warum all die schrecklichen Dinge passieren. Ansonsten ergäbe alles keinen Sinn. Natürlich ist es ein Wahnsinn, wenn Menschen bei Kriegen, Naturkatastrophen, unfassbar grausigen Gewaltdelikten usw. ums Leben kommen oder schlimme Krankheiten etc. erleben, aber die Seele hat es sich so ausgesucht. Wenn sie sich solche Umstände aussucht, hat sie in den vorigen Leben schon Erfahrungen gesammelt, die sie auf diese Herausforderung vorbereitet haben, und weiß, dass sie immer Beschützer an ihrer Seite hat, die sie bewachen und ihr zur Seite stehen. Sie weiß auch, dass dies nur ein Leben von vielen ist und sie immer wieder heimkommt, wenn sie fertig ist.

Bei der Geburt gehen wir durch den Schleier des Vergessens; und zwar aus einem einfachen Grund. Wenn wir wissen würden, dass es auf der anderen Seite des Materiellen, im Jenseits, Nirwana oder wo auch immer, absolut perfekt und wunderschön ist, frei von Leid und Negativität, das wahre Paradies, würden wir wahrscheinlich den Freitod wählen, wenn das Leben hier auf Erden schwierig wird. So bleiben wir hier, weil uns niemand hundertprozentig sagen kann, was nach dem Tod kommt. Ganz schön clever, unser Gott. Aber im Unterbewussten wissen wir das natürlich, und darum gehen wir auch gerne hinüber, nach einem langen, anstrengenden, aber auch schönen, hoffentlich erfüllten Leben. Oder wir sterben jung, aber das gehört dann auch zum Seelenplan bzw. Seelenvertrag. Darum gibt es auch kein gut oder böse bzw. Himmel oder Hölle usw., weil alle Taten und Erfahrungen Bestandteile des Vertrages sind.

Kapitel 5

Was ist der Mensch?

Rein naturwissenschaftlich besteht der menschliche Körper aus Wasserstoff, Sauerstoff, Kohlenstoff und Stickstoff. Aber betrachtet man einen Körper genauer, ist er ein einziges Wunderwerk. Es ist unglaublich, dass aus einem befruchteten Ei mit ein paar Zellen ein vollkommenes menschliches Wesen entsteht. Jeder mit eigenem Charakter, eigenem Lebensweg, eigener Lebensgeschichte. Kein Mensch gleicht dem anderen und ist einzigartig.

Was macht denn nun den Menschen aus? Sein Aussehen? Seine Eigenschaften? Oder sein inneres Wesen, sprich seiner Seele? Ich denke, eine Mischung aus allem.

Vergleichen wir doch mal den menschlichen Körper mit einem Auto. Das kann noch so ein schönes Fahrzeug sein, ohne Fahrer/in ist es nur ein Auto. Der/die Fahrer/in bestimmt über das Aussehen und den Zustand des Fahrzeuges. Wie ist der Fahrstil? Aggressiv oder eher ruhig? Hält er/sie das Fahrzeug gut in Schuss und macht regelmäßig den Service? Pflegt er/sie es und kümmert sich gut um sein Vehikel? Ist es innen genauso sauber wie außen? Beides ist gleich wichtig.

Auch wenn unser Körper ein Wunderwerk Gottes ist, bestimmt doch die Seele über alle Abläufe. Sobald der Embryo zu wachsen beginnt, werden schon die Charaktereigenschaften, das Aussehen und die Lebensgeschichte in die Zellen eingespielt.

Sollte es zu einer Abtreibung oder Fehlgeburt kommen, ist dies auch dem Seelenvertrag zuzuschreiben. In diesem Fall hat eine Seele der anderen geholfen, wie es ist, einen Embryo abzutreiben oder zu verlieren.

Die Augen sind der Spiegel der Seele, sagt ein altes Sprichwort, das tatsächlich stimmt. In den Augen erkennen wir den Charakter und das Befinden des Menschen. Man sieht die Seele durchscheinen; bei alten Seelen wirken diese oft ruhig, tiefgründig und ausgeglichen. Man kann erkennen, ob es einem Menschen gut oder schlecht geht, ob die Augen leer wirken oder strahlen. Ein hektischer Blick deutet auf innere Unruhe hin, ein ruhiger auf innere Balance. Meint dieser Mensch es ehrlich mit uns, oder lügt er uns ins Gesicht? Haben diese Augen schon viel gesehen, oder steckt dahinter noch ein junger Geist? Versuchen Sie doch mal, aus den Augen Ihres Gesprächspartners zu lesen. Was können Sie erkennen? Kann dieser den Blickkontakt halten? Wenn Sie etwas kaufen, achten Sie mal auf die Augen des/der Verkäufers/in. Verschweigt diese Person etwas ?meint sie es ehrlich mit uns oder möchte sie uns einfach nur abzocken?

Kommen wir nun zur Aura. So nennt man das unmittelbare Energiefeld des Menschen. Jeder hat ein einzigartiges, seiner Persönlichkeit entsprechendes Energiefeld, das ihn umgibt. Verfügt dieser Mensch über ein warmes, positives Energiefeld, weil er in sich ruht, ausgeglichen, fröhlich und zugänglich ist, fühlen wir uns in seinem Energiefeld wohl und wir finden ihn sympathisch. Ist er aber hektisch, ängstlich, zornig oder Ähnliches, verändert sich das Energiefeld und die meisten Menschen meiden dann seine Nähe, manche greifen dann sogar an, wie Hyänen, wenn sie Blut riechen. Werden wir also von solchen Hyänen angegriffen, ist es ziemlich sicher, dass wir einen schlechten Tag haben, nicht gut drauf sind oder wir gerade mit Problemen kämpfen, die uns aus der Bahn werfen. Unser Energiefeld strahlt jede Emotion von uns aus. Diese Personen halten uns einen Spiegel vor, dass wir wieder in unsere Mitte finden sollten oder uns so lange von Menschen fernhalten, bis wir wieder entspannt bzw. wieder zu Kräften gekommen sind. Sind wir ausgeglichen und zentriert, haben diese menschlichen Hyänen keine Chance, uns anzugreifen, und bleiben uns fern.

Der Mensch ist ein Gesamtkonzept, bestehend aus Körper, Seele und seiner Anbindung zu Gott; dem höheren Selbst. Oft sagt man auch Körper, Geist und Seele. Er ist ein sehr flexibles und wandelbares Wesen, wie eben die Seele auch. Mittlerweile gibt es schon viele alte Seelen, denen es möglich ist, in einem Körper mehrere Leben zu absolvieren. So eine alte Seele hat dann schon so viele Erfahrungen gesammelt, dass sie für jedes Thema nicht jedes Mal wieder geboren werden muss. Sie versteht schon sehr viele Zusammenhänge und kann interagieren. Das ist in etwa so, wenn ein/e Mitarbeiter/in einer Firma schon lange in dem Betrieb arbeitet und in eine andere Abteilung versetzt wird. Dann verfügt er/sie bereits über eine grundlegende Basis und muss nur noch Teilgebiete erlernen.

Wäre der Mensch nur mit der reinen Seele ausgestattet, hätten wir den Himmel auf Erden. Alles wäre friedlich, wir würden mit Mutter Natur im Einklang leben, gegenseitig auf uns aufpassen und Rücksicht aufeinander nehmen. Wir wären einfach die absolute Liebe in Menschengestalt.

Aber wir leben auf der Erde, der Planet der Dualität und der Emotionen; sprich dem Spielplatz der unbegrenzten Möglichkeiten.

Kapitel 6

Der Mensch und die Welt

Der Mensch ist auf der Erde geboren und hat bewusst so ziemlich alles vergessen, warum er eigentlich da ist. Und jetzt? Er beginnt, wie jedes Mal, sich erst mal in dieses Leben einzufinden, sich mit seinen Eltern vertraut zu machen, sich wieder einmal einen Überblick zu verschaffen, inwieweit sich die Erde verändert hat. Der Geburts- und Kindheitsprozess ist dazu da, sich in die neue Welt einzufinden, wieder reinzuwachsen. So hat die Seele bzw. der Mensch Zeit, sich an die neuen Gegebenheiten anzupassen und alles kennenzulernen. Jedes Leben ist anders als das vorige, und es ist immer eine neue Herausforderung, sich hier einzufügen. Ein Leben baut auf das andere auf; eine Erfahrung baut auf die andere auf. Selbst wenn nur eine Generation zwischen den vergangenen Leben liegt, ist es schon ein großer Unterschied. Stellen Sie sich vor, die Jungfrau von Orleans würde aus dem 15. Jahrhundert in die heutige Zeit geboren werden. Sie hätte überhaupt keinen Plan, was hier abgeht. Die Erde sieht komplett anders aus, alles ist zugebaut, die Technik ein Wahnsinn, und die Menschen haben ihr Aussehen, die Sprache, die Gestik und Umgangsformen usw. komplett verändert. Sie würde sich absolut nicht zurechtfinden und wahrscheinlich wieder dorthin zurückgehen, woher sie kam.

Alte Seelen müssen nicht mehr so oft inkarnieren, wie schon vorher berichtet; sie verfügen über ein ausgiebiges Spektrum von Erfahrungen und benötigen oft wirklich nur mehr ein Briefing, sprich eine Einweisung, wenn sie wieder auf die Erde kommen, aber zu viel Abstand macht es auch für sie schwierig.

Oftmals werden alte Seelen mit jungen Seelen hier geboren, um ihnen dann als Mentoren zur Verfügung zu stehen. Der Begriff *„junge Seelen"* darf nicht falsch verstanden werden; diese können auch alte Seelen von anderen Planeten sein, die einfach mal die Erde erkunden wollen und hier erst ihre Erfahrungen machen. So kann eine alte Seele von der Erde auf einem anderen Planeten auch eine junge Seele sein.

In den ersten Monaten und Jahren haben wir noch Erinnerungen und einen Zugang zur geistigen Welt; allerdings verblassen diese immer mehr, je mehr wir mit den Menschen zu tun haben und wir uns fügen müssen. Babys und Kleinkinder kommunizieren oft noch mit ihrem Schutzengel, mit Verstorbenen, sehen noch Dinge, die für Erwachsene unsichtbar sind. Im Kindergarten wird es immer weniger, und spätestens in der Schule erlöscht zum großen Teil ihre Spiritualität, und sie werden nur noch mit weltlichen Ansichten konfrontiert. Nebenbei baut sich noch ihr Ego auf, das sie hier zum Überleben brauchen und von den Erwachsenen teilweise ohne Grenzen zugelassen wird.

Die heutige Generation Kinder sind meist starke Persönlichkeiten, die eine weise, aber klare Führung brauchen und gefördert werden müssen. Ansonsten werden viele zu kleinen Tyrannen, die sich hier nicht zurechtfinden. Sie werden unbequem, aufmüpfig, sind sehr lebhaft, weil sie nicht wissen, wohin mit ihrer Energie. Die Eltern sind oft überfordert, weil sie das Kind nicht verstehen, und müllen es mit Spielzeug zu und erfüllen ihnen jeglichen Wunsch, nur um ihre Ruhe zu haben. Im Worst-Case-Szenario werden sie mit Medikamenten zugedröhnt und wandern als kleine Zombies durchs Leben. Alles, was diese Kinder brauchen, sind Raum zum Auspowern, Liebe, Zuwendung und eine klare Struktur, in der sie sich bewegen können und Grenzen erfahren. Da wir eine grenzenlose Seele haben, muss man hier Grenzen setzen, damit sie sich zurechtfindet, ansonsten ufert es aus. Es wäre wichtig, dass Kinder ihre Spiritualität genauso selbstverständlich leben können wie das weltliche Leben. Wenn man sich mit den Kindern befasst und ihnen zuhört, erzählen sie oft von Geistern, Engeln, Naturwesen usw. Sie trauen sich oft einfach nicht, darüber zu sprechen, weil diese Themen in unserer Gesellschaft tabu sind und sie Angst haben, sich zu blamieren. Dabei ist die geistige Welt genauso selbstverständlich wie die sichtbare, nur nicht so offensichtlich.

Die Kinder lernen im Kindesalter ihre Emotionen und Stärken kennen, werden von den Erwachsenen beurteilt und kategorisiert. Dogmen und Ansichten der Eltern werden von den Heranwachsenden übernommen. Mama und Papa ärgern sich dann, wenn sie mit ihrem Spiegelbild konfrontiert werden bzw. die eigenen Schwächen gegenübergestellt bekommen, die man erfolgreich verdrängt hat.

Als Eltern wird man in dieser Zeit massiv an seine eigene Kindheit erinnert, und es liegt an uns, diese anzunehmen und aufzuarbeiten, damit man nicht ein Leben lang in die Opferrolle fällt, die gleichen Fehler begeht wie seine Eltern. Wenn dieser Prozess des Aufarbeitens abgeschlossen ist, sollte man seinen Eltern die Fehler verzeihen und ihnen für alles danken, denn durch sie sind wir die Menschen geworden, die wir sind. Für diesen Aufarbeitungsprozess gibt es genügend Lektüre, die einem unterstützen kann, wie z. B. das Buch von Stephanie Strahl „Das Kind in Dir muss Heimat finden". Ich bin überzeugt davon, dass alle Eltern ihr Bestes geben und nur das Beste für ihr Kind wollen, aber wir sind eben Menschen und haben unsere Makel. Meistens haben unsere Eltern noch viel schlimmere Erfahrungen durchlebt, haben es bei unserer Erziehung wahrscheinlich schon besser gemacht als deren Eltern.

Wer durch diese, oft sehr schmerzhafte, Tortur des Aufarbeitens hindurchgeht, wird mit einem freien, selbstbestimmten Leben ohne veraltete Grundsätze und Einschränkungen belohnt. Allerdings dauert dieser Prozess Jahre und Jahrzehnte und ist mit ein paar Sitzungen beim Psychologen sicher nicht getan. Es erfordert beinhartes Anschauen und Verarbeiten von verdrängten Schattenthemen, die im Untergrund gären und uns blockieren. Man muss sich den oft grausamen Bildern der Kindheit stellen, die wir damals nicht verstanden und begraben haben. Oft glaubt man, man hätte den Sumpf endlich trockengelegt, da tut sich wieder eine Schlammpfütze auf. Und wieder und wieder. Aber wie gesagt, es wartet danach ein Leben in Freiheit.

Aber was sich hier alles so dramatisch anhört, hat natürlich auch eine Kehrseite, die Dualität eben. Wer muss nicht automatisch mitlachen, wenn ein Kind von ganzem Herzen über eine Kleinigkeit lacht? Sie haben diese unmäßige Freude und Unbekümmertheit, die einem das Herz öffnet. Oder erinnern Sie sich noch an die Sommer und die Ferien, die im Freibad mit Eis und viel Spaß verbracht wurden? Oder an die alten Menschen, die Ihnen zulächelten und Ihnen eine Tafel Schokolade spendierten, einfach weil Sie so ein süßes Kind waren? Leider bleiben die negativen Erinnerungen aus verschiedenen neurologischen und psychologischen Gründen stärker im Bewusstsein hängen, aber ich bin mir sicher, wenn Sie sich ein wenig Zeit nehmen, fallen Ihnen bestimmt einige schöne Dinge aus der Kindheit ein, die Ihnen ein Lächeln ins Gesicht zaubern. Nicht alles in der Kindheit war schlecht; es gibt immer wunderbare, freudvolle Ereignisse. Denken Sie ein wenig nach. Ihnen fallen sicherlich ein paar lustige Erlebnisse ein, die Sie zum Schmunzeln bringen! ☺

So wachsen wir zu Erwachsenen heran, absolvieren unsere Aufgaben und sammeln fleißig unsere Erfahrungen. Je nachdem, von welchen Menschen bzw. Seelen wir umgeben sind, meistern wir unser Leben mehr oder weniger. Lassen wir uns von unserer Seele und unserem höheren Selbst führen, oder folgen wir unserem Ego und unserem Verstand. In jüngeren Jahren hören wir auf unsere Eltern, Lehrer usw., wenn wir älter sind, lassen wir uns von unserem Ego führen. Wir möchten Karriere machen, unsere Mitmenschen beeindrucken bzw. beweisen, wie toll wir sind. Natürlich gibt es Ausnahmen, die schon von Kindesbeinen an gefördert wurden und die schon von klein auf wissen, was sie wollen im Leben, was ihre Berufung ist. Wie gesagt, das sind Ausnahmen. Im Normalfall, wenn in reiferen Jahren die Persönlichkeit gefestigt ist und wir uns von der Außenwelt nicht mehr so sehr beeinflussen lassen, folgen wir immer öfter ohne Umwege unserem Seelenplan. Nicht jeder hat eine Mission wie Nelson Mandela oder Mutter Theresa. Wobei, bei näherer Betrachtung ist so ein Leben ohnehin nur sehr verantwortungsvoll und sehr anstrengend. Jeder geht seinen Weg, den er für sich ausgesucht hat. Wenn jemand eine Putzfachkraft in einem

Shoppingcenter ist, die alles sauber hält und die Menschen dort vielleicht sogar zum Lächeln bringt, hat es die gleiche Wertigkeit wie ein Quantenphysiker, der irgendwann herausfindet, wie unser Leben funktioniert. Alles ist richtig und vollkommen in Ordnung! Wichtig ist, seinem Herzen und seiner Seele zu folgen. Jeder ist auf dem richtigen Weg, und sollte ein Mensch doch durch sein Ego und seinem Verstand vom Weg abkommen, darf er sein, dass er durch seine geistigen Begleiter und Helfer wieder zurück auf seinem Weg gebracht wird. Je nachdem wie wir uns verhalten und mitarbeiten, kann dieses Zurückbringen durchaus recht brachial vonstattengehen, wenn wir uns mit Händen und Füßen wehren. Der Mensch tut gut daran, sich dem hinzugeben, das Unvermeidliche anzunehmen und auf seine Intuition zu hören. So bleibt ihm meist viel erspart. Auch wenn wir vieles nicht gleich verstehen, die geistige Welt will IMMER! unser Bestes, auch wenn wir den Zusammenhang nicht gleich sehen. Im Nachhinein versteht man einiges besser, und man ist froh, dass alles so gekommen ist, wie es ist.

Zum Beispiel, man versäumt seinen Flug oder seinen Zug wegen eines Staus, und deswegen geht einem das Geschäft oder der Job durch die Lappen. Im Nachhinein stellt sich heraus, dass die Firma kurz vor der Insolvenz war oder dass sich ein viel besserer Job aufgetan hat. Oder noch viel drastischer: Es hat ein Zug- oder Flugunglück gegeben, und man ist wegen eines Staus noch am Leben. Jeder Mensch hat so etwas schon erlebt, wenn er darüber nachdenkt. Hier sollte man unserem geistigen Beistand danken; sie werden sich darüber freuen!

Ich glaube, jeder Mensch kann bestätigen, dass das Leben auf Erden sehr anstrengend und herausfordernd ist. Vor allem die letzten Jahre, die sehr durch Krisen und Katastrophen geprägt waren. Warum tut sich die Seele das überhaupt an? Warum bleibt sie nicht bei Gott im Paradies und lässt es sich gut gehen? Ein bisschen masochistisch veranlagt muss sie schon sein, dass sie sich das Tausende Male auf der Erde antut. ☺

Die hauptsächlichen Gründe, wie dass sich Gott selbst erfahren möchte oder sie sich weiterentwickeln möchte usw., wurden schon in den vorigen Kapiteln erklärt. Aber Gott wäre nicht Gott, wenn er sich nicht auch viele Belohnungen für unsere Bemühungen ausgedacht hätte.

Diese irdischen, wundervollen Genüsse gibt es ausschließlich hier und sonst nirgendwo im ganzen Universum. Beginnen wir mit Mutter Erde, mit ihren wundervollen Landschaften und Gewässern, den Wäldern und Äckern, der üppigen Flora und Fauna, die ein wahrer Augenschmaus ist, den wundervollen Tieren, die uns Freude schenken etc. Die Natur ist ein einziges Wunderwerk der göttlichen Schöpfung, so vollkommen und einzigartig, die uns Menschen oft einfach nur zum Staunen bringt, bei deren Anblick wir nur mehr Demut gegenüber dem Großen und Ganzen verspüren. Wie schön ist doch ein Regenbogen nach einem Regen, die Aussicht auf einem Berggipfel, ein Sonnenuntergang am Meer, ein Wasserfall, bei dem wir seine enorme Kraft spüren. Dies und noch viel mehr sind so unfassbar schöne Erlebnisse, in denen wir Gott spüren und fühlen können. In diesen Momenten voller Ehrfurcht, in denen die tiefste, innere Dankbarkeit hervortritt, sind wir eins mit Gott. Und dass sind die Momente, die das Leben lebenswert machen.

Zusätzlich hat der Mensch gelernt, deliziöse Speisen zuzubereiten, die besten Weine zu keltern, Transportmittel zu erfinden, die uns zu den schönsten Plätzen der Welt bringen, das Leben mit allen Sinnen zu genießen. Aber nicht nur die kulinarischen Freuden lassen das Menschenherz höher schlagen. Es ist die Liebe, die wir in unserem Herzen tragen, die das Leben erhellt. Die Liebe, das wichtigste Gefühl und Element auf der Erde, im ganzen Universum. Gott ist die reine Liebe, und wir tragen sie über unsere Verbindung zu ihm auch in uns. Manchmal wird sie zugemauert und muss befreit werden, aber wir haben alle diesen göttlichen Funken. Auch wenn wir es bei manchen Menschen bezweifeln, wir es nicht glauben können – gerade diese Menschen würden sehr viel Liebe brauchen, da sie aufgrund von Liebesentzug oder Mangel an Zuwendung vermutlich so geworden sind. (Aber bitte umarmen Sie jetzt nicht den nächsten Miesepeter oder Chef, der Ihnen das Leben schwer macht; es könnte falsch verstanden werden. ☺)

Wer kennt das Gefühl nicht, wenn ein Baby lacht oder man jemanden aus reiner Nächstenliebe hilft und diese/r sich sehr darüber freut. Die Liebe ist unbezahlbar und ein absolutes Gottesgeschenk. Dazu gehört auch die gesunde Eigenliebe, die Liebe zu seiner Familie, die Liebe zu Mutter Erde, die Liebe zum Leben usw.

Aber zu den größten Freuden der Menschheit gehört wohl die zwischenmenschliche Liebe, wenn man sein passendes Gegenüber gefunden hat und mit ihm seine Sexualität ausleben kann. Natürlich gibt es auch Sex ohne Liebe, aber das ist eigentlich nur ein netter Zeitvertreib und hat mit der göttlichen Sexualität zwischen zwei Liebenden nichts zu tun. Diese Energie, die beim Geschlechtsakt entsteht, wenn man sich vertraut und sich absolut fallen lassen kann, ist eines der größten Geschenke, die Gott für uns bereitgestellt hat. Der Orgasmus ist eine der stärksten Energien überhaupt und wurde jahrhundertelang schlechtgeredet, verpönt bzw. verboten, weil sie sehr viel Macht besitzt. Trotz intensiver Bemühungen der Religionen, dies zu unterdrücken, trotz Beschneidungen von Frauen in gewissen Ländern und vielen Grausamkeiten auf dieser Welt gegen die Sexualität, ist es nicht gelungen, diese aufzuhalten, geschweige denn, zu vernichten. Ganz im Gegenteil: Diese wunderbare Verschmelzung in Liebe von zwei Menschen wurde trotz Verboten immer mehr ausgeübt. Gott hat uns dieses wunderbare Geschenk gemacht, damit wir uns in Freude fortpflanzen oder einfach diese Gabe in vollen Zügen auskosten. Nichts dabei ist schlecht, unrein oder unsittlich. Auch beim Orgasmus sind wir Gott sehr nah und dürfen kurz, ein Stück weit, dem Himmel nahe sein. Hier hat auch die Seele die Möglichkeit, sich extrem auszudehnen und sehr viel positive, kraftvolle Energie in die Welt zu setzen. Ein erfüllender Geschlechtsakt ist ein wahrer Jungbrunnen für Körper, Geist und Seele. Also tun Sie sich und der Welt etwas Gutes, praktizieren Sie wundervollen, befriedigenden, machtvollen und belebenden Koitus! Viel Spaß dabei! ☺

So ist das Leben eine Hochschaubahn, einmal unten, einmal oben. Aber dazu sind wir da, um so viele Erfahrungen wie möglich zu sammeln. Die Welt bietet uns unendlich viele Möglichkeiten! Aber wir müssen nicht alles angehen; wie gesagt nur das, was uns dienlich ist, um uns weiterzuentwickeln.

Hier möchte ich noch eine Erklärung abgeben, weil schon seit einigen Jahren ein Hype um positives Denken und Manifestation herrscht. Spätestens seit Dr. Joseph Murphy damit begonnen hat, über dieses Thema zu schreiben, wird bei diesem Thema vieles missverstanden. Viele Menschen machen sich irrsinnigen Druck bezüglich positiven Denkens und der Manifestation. Die sozialen Netzwerke sind voll von Lehrern und Meistern, die uns ständig predigen, dass wir immer positiv denken sollten und dauernd unsere Ziele visualisieren müssten. Wir aber sind Menschen, das heißt, wenn wir in der Lage wären, ständig positiv zu bleiben und alles, was wir uns wünschen, zu manifestieren, wären wir Gott. Wir haben nun mal Gefühle, erleben Enttäuschungen und müssen diese auch verarbeiten. Ich denke, niemanden auf dem Planeten gelingt es, immer gut drauf zu sein, zu lächeln bzw. in sich zu ruhen. Höchstens im Dauerrausch. ☺

Ich denke, dass mit „positiv denken" einfach gemeint ist, dass man versucht, das Leben so gut wie möglich auszubalancieren und nicht im Selbstmitleid bzw. in der Opferrolle zu versinken. Obwohl das oft kurzfristig auch sehr hilfreich sein kann; danach muss es aber wieder weitergehen. Es gibt Menschen, die einem das Gefühl geben, als würde sie nix umhauen und dass sie immer gut drauf sind. Aber seien Sie gewiss, hinter der Fassade steckt oft ein großer Misthaufen voller verdrängter Emotionen und Belastungen. Diese Blase explodiert irgendwann, und diese Menschen stehen vor den Trümmern ihres Lebens. Manche sind nicht einmal dann so weit, ihre Probleme anzunehmen und aufzuarbeiten. Sie ziehen dann noch immer den gleich miesen Typ von Partner an, nehmen immer noch Jobs an, die sie ins Burnout bringen oder bleiben weiterhin im oberflächlichen Leben, da es einfacher zu führen ist, weil man so dahinplätschert und nicht in der Tiefe graben muss, um seine Schattenthemen zu ergründen. Das kann man machen; das Blöde ist nur, dass das Leben in Zyklen verläuft und wir in der Dauerschleife hängen, sodass wir immer wieder mit denselben Themen konfrontiert werden, so lange, bis wir es endlich aufarbeiten und loslassen. Wenn es ganz blöd hergeht, nehmen wir diese Problematik sogar mit ins nächste Leben. Nicht so prickelnd, wenn bei der Geburt schon der Rucksack mit alten Themen bereitsteht. Natürlich gibt es alte Seelen auf der Erde, die das Leben schon ganz gut im Griff haben, aber auch sie mussten und müssen Herausforderungen bestehen. Also weinen und schreien Sie, wenn Ihnen danach zumute ist! Lassen Sie Ihre Gefühle zu, egal welches Geschlecht Sie haben, und unterdrücken Sie diese nicht! Es muss ja nicht gleich in der belebten Fußgängerzone sein, aber zu Hause, wenn Sie mal Ruhe haben, lassen Sie alles einfach raus. Vor den Gefühlen davonzulaufen oder sich ständig abzulenken, bringt gar nichts. Im Gegenteil, diese warten so lange, bis sich eine Gelegenheit ergibt, und kommen dann im großen Schwall. Wenn Sie Pech haben, auch in der Öffentlichkeit. Darum geben Sie ihnen den Raum, den sie brauchen und achten Sie auf Ihre Seelenwelt.

Wenn Sie jetzt sagen, Sie wissen nicht, welche verdrängten Themen Sie haben bzw. wie Sie die Themen abarbeiten sollen, kann ich Ihnen einen Tipp geben: Bitten Sie die geistige Welt um Hilfe, stellen Sie sich Ihre Seele als Person vor, und fragen Sie sie. Ich garantiere Ihnen, wenn Sie sich in Ruhe, ohne Ablenkung mit sich selbst beschäftigen, bekommen sie alle Hinweise und Antworten. Außerdem gibt es unzählige Methoden und Bücher darüber; dies hier zu erklären, würde den Rahmen sprengen. Aber glauben Sie mir eines: Wenn Sie nach Antworten suchen und die geistige Welt fragen, werden Sie sie finden.

Zum Thema Manifestation möchte ich auch einiges aufklären. Es wird immer gepredigt, dass man alles im Leben haben und erreichen kann, wenn man es nur richtig visualisiert bzw. manifestiert. Und wenn es nicht passiert, hat man etwas falsch gemacht. Das erzeugt wahnsinnigen Druck; man fühlt sich wie ein Versager, wenn man es nicht schafft, und fragt sich ständig, was man falsch gemacht hat. Das führt oft unweigerlich zu einer Negativspirale und Depressionen. Hier möchte ich eines klarstellen: Es kann nichts manifestiert werden, das nicht zu unserem Lebensplan passt. Nichts, weder Gutes noch Schlechtes. Jetzt gibt es wieder einige Stimmen, die sagen, es gibt das Spiegelgesetz, und wir ziehen das an, was wir uns denken. Selbstverständlich ist es so. Wenn ich einen miesen Tag habe, grantig bin, reagiert mein Umfeld und wird mir gegenüber auch nicht gerade freundlich sein. Umgekehrt, wenn ich gut drauf bin und lächle, wird mein Umfeld mich auch anlächeln. So weit so gut. Aber die grundlegenden Dinge, die in meinem Seelenplan verankert sind, passieren einfach so, ohne mein Zutun und im göttlichen Zeitplan; das heißt, wenn die Zeit dafür reif ist. Außerdem sind wir nicht in der Lage, unser Unterbewusstsein zu kontrollieren, das schon längst eine Entscheidung getroffen hat, bevor das Bewusstsein überhaupt begonnen hat, nachzudenken. Darum wäre es gut, sich mit seinen Herzenswünschen auseinanderzusetzen, denn dann wissen Sie, was Sie manifestieren können und sollen. Es bleiben Ihnen große Enttäuschungen erspart, und Sie fühlen sich nicht als Versager. Außerdem seien Sie glücklich darüber, dass Ihnen gewisse Wünsche nicht erfüllt wurden – wer weiß, was dann passiert wäre, wenn sich der kleine Miniverstand des Menschen ohne Weitsicht in die Geschehnisse der Menschheit einmischen würde. Es kann vorkommen, dass wir etwas manifestieren, es sich erfüllt und in einer Katastrophe endet. Aber dann war es auch nur eine Lektion unserer Seele und im Seelenplan verankert, damit wir erkennen, dass wir auf Gott, unsere Seele und die geistige Welt vertrauen können, dass alles, was für uns bestimmt ist, zur rechten Zeit am rechten Ort passiert. Auch wenn es unserem Verstand oft schwerfällt, nicht einzugreifen und zu vertrauen. Wenn Sie sich aber etwas von ganzen Herzen wünschen, es nicht vom Ego oder Ihrem Verstand kommt, wie z. B. den Seelenpartner, wird es sich dann erfüllen, wenn Sie dafür bereit sind. Meist kommt es dann ganz unspektakulär daher, womit wir nicht gerechnet hätten. Binden Sie die geistige Welt immer mit ein. Bitten Sie z. B. um den richtigen Seelenpartner für sich. Machen Sie keine großartigen Vorgaben, sondern bitten Sie einfach um den Herzensmenschen, der zu Ihnen passt. Unsere geistigen Freunde werden Ihnen den Passenden bringen, auch wenn er vielleicht nicht auf den ersten Blick danach ausschaut. Das Gleiche ist mit einem Job; bitten Sie einfach um den passenden Herzensjob, das Universum wird Sie hinführen. Oft ist das, was wir uns vorstellen, nicht das, was das Beste für uns ist. Aber Gott und die geistige Welt wissen immer, was das Beste für uns ist!

Kapitel 7

Der Tod

Schmerz, Trauer, Vermissen, Dunkelheit und Verlust. Das sind die Assoziationen, die uns beim Wort *Tod* sofort in den Sinn kommen. Das ist nur allzu verständlich. Wer schon einmal einen geliebten Menschen verloren hat, weiß nur allzu gut, dass dieser Schmerz einen selbst fast sterben lässt. Für die Hinterbliebenen ist der Verlust eines Menschen immer eine Katastrophe, auf die man sich nicht wirklich vorbereiten kann. Vor allem nicht, wenn der Mensch scheinbar plötzlich aus dem Leben gerissen wird. Aber auch, wenn ein Mensch schon länger vor sich hinvegetiert und man ihm schon wünscht, dass er endlich gehen darf, ist es trotzdem ein Schock für alle Beteiligten, wenn es dann passiert. Je nachdem wie nah man dem Verstorbenen gestanden hat, hinterlässt dieser eine Lücke in unserem Leben. Man kann ihn nicht mehr umarmen, nicht mehr sagen, wie sehr man ihn liebt, oder man hat die Chance, wenn man kein so gutes Verhältnis zu ihm hatte, mit ihm Frieden zu schließen, versäumt. Obwohl das Sterben zum Leben dazugehört wie die Geburt, wird dieses Thema tabuisiert und aus dem Leben verdrängt. Die meisten von uns wollen es nicht wahrhaben, dass unser Körper sterblich ist, verdrängen die Thematik nur allzu gern.

Aber was passiert mit uns beim Sterben und danach? Niemand braucht vor dem Tod Angst zu haben; wir sind gut aufgehoben und behütet. Natürlich bleibt immer ein mulmiges Gefühl, weil trotzdem immer Zweifel des Verstandes vorhanden sind.

Hat eine Seele besonders schlimme Erfahrungen auf der Erde gemacht, wartet nach dem physischen Ableben die geistige Welt auf sie, um sie abzuholen und um ihr zu helfen, das Erlebte zu verarbeiten. In dem Moment, in dem wir unser irdisches Leben aushauchen, lassen wir unser Leben noch einmal Revue passieren. Es läuft ab wie ein Kinofilm, bei dem unser irdisches

Dasein noch einmal analysiert wird. Haben wir alles erledigt, was wir uns vorgenommen haben? Haben wir alle Chancen und Potenziale genutzt? Hatten wir genug Zeit für unsere Familie und uns selbst? Sind wir in Frieden gegangen, oder hätten wir vielleicht noch etwas besser machen können? Allerdings passiert dies ohne Wertung, und keiner braucht Angst zu haben, etwas falsch gemacht zu haben oder verurteilt zu werden. Es sitzt bestimmt nicht Gott mit erhobenem Zeigefinger da und schimpft mit uns, weil wir etwas getan oder nicht getan haben. Stellen Sie sich vor, Sie sitzen im Kino, sehen sich einen Film ab und sprechen ohne Emotionen und Bewertungen darüber. Es ist einfach, wie es ist, und es ist gut so, wie es ist. Wie schon in den Kapiteln zuvor erwähnt, ist Gott die absolute Liebe und bewertet uns nicht, weil alles zu unserem Seelenplan gehört. Allerdings kann es durchaus passieren, dass, wenn unser Ego und Verstand eine Erfahrung partout nicht annehmen wollten bzw. diese erfolgreich bis zum Schluss verdrängt haben, es im nächsten Leben wieder ein Thema sein könnte. Allerdings sind die meisten Menschen schon so weit entwickelt, dass sich die Erfahrung, die das Karma aufbaut und abarbeitet im selben Leben ausgeht. Selbstverständlich sind wir in der Stunde unseres Todes nicht allein, sondern werden von der geistigen Welt, unseren Lieben im Jenseits und von Gott hinüberbegleitet. Ab diesem Zeitpunkt gibt es nur mehr Liebe, Harmonie und Frieden.

Gleichzeitig wird noch Abschied von der Erde genommen, um alles korrekt abzuschließen. Nach dem Tod entgleitet die Seele dem Körper und steigt auf. Wir nehmen wahr, dass wir tot sind, sehen unseren Körper noch mal an, besuchen unsere Lieben und nehmen an unserer Beerdigung teil. Wir freuen uns schon sehr darauf, endlich heimgehen zu dürfen, sind aber trotzdem ein wenig traurig, unsere Lieben hierzulassen. Aber wir haben dann wieder unseren uneingeschränkten Zugang zu Gott und wir wissen, dass auch sie uns bald folgen werden, und nehmen es deswegen auch nicht so tragisch. Auf Seelenebene relativiert sich alles, und wir haben keine Emotionen mehr, die uns belasten und blockieren. Wir sind endlich wieder absolut frei, haben keine Krankheiten und Schmerzen mehr, brauchen uns an keine Regeln und Gesetze mehr zu halten, sind wieder zu 100 Prozent mit Gottes allmächtiger Liebe verbunden. Viele Menschen, die Nahtoderfahrungen hatten, berichten, dass es *drüben* einfach nur wunderschön sei, und eigentlich wollte niemand mehr zurückkehren, weil es so überwältigend war. Dieser tiefe Frieden, die große Verbundenheit mit Gott und die kräftigen, nicht mit irdischen Farben vergleichbaren Farben im Jenseits sind nur ein paar Punkte, von denen diese Menschen erzählen. Kein einziger von ihnen hatte Angst oder irgendeine negative Emotion. Sie erzählen von dem Großen und Ganzen, mit dem man absolut eins sei, der Ruhe und der Gelassenheit, die plötzlich da sei. Auch in sämtlichen Heiligen Schriften wird vom Garten Eden, Paradies, Nirwana, usw. erzählt.

Eigentlich ist das Jenseits nur ein Trugschluss; denn es passiert um uns herum, nur in einer anderen Dimension, der feinstofflichen, die wir in der materiellen Welt nicht unbedingt wahrnehmen. Allerdings gelingt es schon immer mehr Menschen, Kontakt mit dieser Parallelwelt aufzunehmen. Meditation und Ruhe bzw. innerer Frieden machen es für jeden Menschen möglich, mit dem Jenseits in Kontakt zu treten. Allerdings sollte das immer im Einverständnis mit den Seelen sein, mit denen man in Kontakt treten möchte. Sie wollen das irdische Kapitel auch abschließen und nicht immer damit konfrontiert werden. Auch wir würden keine Ruhe finden, wenn sie uns dauernd besuchen würden.

In manchen, sehr seltenen Fällen kann es sein, dass die Seele in der Zwischenwelt, inmitten materieller Welt und dem Jenseits, hängenbleibt. Das kann passieren, wenn sie schnell aus dem Leben gerissen wird, oder auch, wenn sie beim Sterben nicht loslassen kann. Eigentlich ist das Sterben, wie auch die Geburt, ein automatischer Prozess, bei dem man eigentlich nicht viel dazu beitragen muss und man auch keine Angst zu haben braucht, etwas falsch zu machen. Aber hin und wieder kommt es doch vor. Falls die Seele wirklich hängenbleiben sollte, ist es auch kein Problem. Mittlerweile gibt es einige medial begabte Menschen, die sie um Hilfe bitten kann und die ihr normalerweise, mithilfe der geistigen Welt, in die andere Dimension hilft. Natürlich ist sie immer in Begleitung der geistigen Welt, und diese steht ihr auch bei, aber es obliegt der Seele, ob sie gleich mitgeht oder ob sie sich lieber von einem Menschen, der die geistige Welt dann einschaltet, helfen lässt. Solche Seelen können manchmal auch Gestalt annehmen oder lernen, Gegenstände zu bewegen, und werden dann als *Geister* wahrgenommen. Man muss sich nicht fürchten, wenn diese Kontakt aufnehmen, denn dann brauchen sie entweder Hilfe beim Hinübergehen, oder sie wollen sich einfach bemerkbar machen, um zu zeigen, dass sie auch da sind. Manchmal besuchen uns unsere Lieben, um nachzuschauen, ob es uns gut geht. Es gibt auch Seelen, die sich in der Zwischenwelt auch wohlfühlen und nicht ins Jenseits gehen wollen. Das bleibt ihnen durchaus selbst überlassen, und man muss sich keinen Zwang antun, ihnen zu helfen. Wenn sie doch einmal ins Jenseits gehen möchten, finden sie Mittel und Wege, dorthin zu kommen.

Was man einem lieben Verstorbenen nie antun sollte, ist, ihn nach dem Ableben nicht gehen zu lassen. Auch übertriebene Trauer und Festhalten setzen der Seele sehr zu, sodass sie nicht hinübergehen und das neue Leben genießen kann. Bitte nicht falsch verstehen, natürlich muss man trauern, wenn man einen geliebten Menschen verliert, aber man muss ihn auch gehen lassen und abschließen. Wie lange man trauert, ist bei jedem Menschen verschieden. Den Schmerz der Trauer sollte man unbedingt zulassen, da man wirklich einen psychischen Schaden nehmen kann, wenn man diese verdrängt. Die Gefühle finden sowieso ihren Weg, wenn man sie unterdrückt und verdrängt.

Auch wenn ein spiritueller Mensch weiß, dass der Tod nur die Geburt in ein neues Leben ist, ist es auch für ihn ein sehr schmerzhaftes Erlebnis, das ihn an seine Grenzen bringt. Der einzige Unterschied ist nur, dass er darauf vertraut und weiß, dass die Seele an einem glücklichen Ort ist, dass es ihr dort fantastisch ergeht! Das gibt doch Trost und Hoffnung!

Die berühmte, mittlerweile verstorbene, Schauspielerin Christine Kaufmann war der Meinung, dass der Tod ein riesiger kosmischer Orgasmus sei. Na dann! ☺

Kapitel 8

Karma

Wie schon in den Kapiteln zuvor berichtet, baut die Seele ihre Erfahrungen auf den vorhergehenden Erfahrungen des vorigen Lebens auf. Es ist ein wenig vergleichbar mit unserem Schulsystem; auf dem Gelernten aus der ersten Klasse, baut die zweite Klasse auf, und die dritte Klasse auf die zweite usw. Wird im Jahr zuvor z. B. in der ersten Klasse der Lernstoff nicht ausreichend durchgenommen, muss er in der zweiten Klasse wiederholt werden. Oder hat es das Ego in der ersten Klasse zu weit getrieben, dann kann das in der zweiten Klasse auf ihn zurückkommen. Das nennt man dann Karma. Das Wort Karma kommt ursprünglich aus dem Sanskrit und bedeutet *Tat* oder *Handlung*. Gemeint ist Ursache und Wirkung, Aktion und Reaktion. Alles ist in Balance bzw. wird in Balance gebracht. Nehmen wir ein drastisches Beispiel an. Ein Nazi ließ im Zweiten Weltkrieg eine jüdische Mutter von fünf Kindern hinrichten. So eine unfassbare, grausame Tat hinterlässt natürlich ein extrem mieses Karma. Um dies wieder auszugleichen, erfordert es schon sehr viel an Liebe. In diesem Fall käme der Nazi vielleicht als schwerstbehindertes Kind dieser Frau im nächsten Leben zur Welt, damit ihm ihre unglaubliche Mutterliebe zuteilwird und das Karma-Konto ausgeglichen wird.

Karma gibt es nur auf der Erde und kann auch nur hier gelebt werden. Es gibt vor Gott kein Richtig oder Falsch; bei den Menschen schon. Und das bekommen wir schon von klein auf eingetrichtert bzw. wird uns sogar schon erbgenetisch von unseren Eltern mitgegeben. Somit ist unser Unterbewusstsein auf diese Dualität trainiert. Das heißt, dass wir unser Karma auf Erden eigentlich selbst erzeugen. Nehmen wir mal an, jemand unterschlägt Geld in einer Firma. Sein Bewusstsein hat alles durchdacht und bis ins letzte Detail geplant. Alles läuft wunderbar, eine Zeit lang geht es auch gut. Doch er hat nicht mit dem Unterbewusstsein gerechnet, das genau weiß, dass er etwas Falsches tut. Leider neigt der Mensch dazu, sein Unterbewusstsein auszublenden oder zumindest massiv zu unterschätzen. Was dieses nun macht, ist klar; es wird das Karma-Konto ausgleichen. Entweder passiert demjenigen ein blöder Fehler und er fliegt auf, oder es stößt ihm etwas anderes Schlimmes wie z. B. ein Unfall, eine Krankheit usw. zu. Es gibt einen alten Spruch, der lautet: „Gottes Mühlen mahlen langsam, aber stetig." So ist es auch. Da unser Unterbewusstsein ständig mit unserer Seele bzw. Gott kommuniziert, gibt es auch kein Vertuschen oder Verstecken. Wie gesagt, vor Gott gibt es kein Gut oder Schlecht. Auch wenn wir mieses Karma auf der Erde aufbauen, ist es im Endeffekt wieder nichts anderes als das Sammeln von Erfahrungen. Also weder gut noch schlecht – und wahrscheinlich auch im Seelenplan verankert. Man sollte trotzdem sein Leben bewusst so leben, dass man sich abends noch im Spiegel anschauen kann, mit sich im Großen und Ganzen im Reinen ist. Auch wenn vieles bereits vor unserer Geburt beschlossen worden ist, liegt es doch an uns Menschen selbst, wie wir dieses Leben leben. Wir sind keine Marionetten Gottes und haben vieles selbst in der Hand.

Wünschen Sie auch unredlichen und niederträchtigen Mitmenschen nichts Böses, denn das fällt nur auf Sie zurück. Warten Sie einfach ab; die Zeit und das Unterbewusstsein werden es schon richten. Oftmals widerfahren diesen Menschen so schlimme Dinge, die man ihnen nicht einmal gewünscht hätte, und man vielleicht sogar Mitleid mit ihnen empfindet. Nehmen Sie sich doch kurz Zeit und denken darüber nach, wie oft Sie das in Ihrem Umfeld schon erlebt haben, dass jemand für seine Taten mehr oder weniger vom Leben „bestraft" wurde. Ich bin mir sicher, dass Ihnen einige Beispiele einfallen werden.

Mittlerweile sind die meisten Seelen auf der Erde schon so weit entwickelt, dass die Menschen das Karma in gleichen Leben noch abbauen können und sie nichts mehr ins nächste Leben mitnehmen müssen. Wenn wir bewusst etwas tun, das nicht unseren moralischen Vorstellungen entspricht, bekommen wir die Rechnung kurz darauf präsentiert, und unser Konto ist wieder ausgeglichen. Da es aber verschiedene Moralvorstellungen gibt, ist auch nicht jede „böse" Tat gleichwertig, weil diese von einer anderen Person vielleicht gar nicht als böse eingestuft wird. Nehmen wir ein Ehepaar, wobei eine/r der beiden sich mit einer Person aus der Arbeit beim Betriebsausflug geküsst hat. Für den einen beginnt hier bereits der Seitensprung, andere sind der Meinung, ein Seitensprung ist erst dann vollzogen, wenn die beiden miteinander geschlafen hätten. So sind die Grenzen variabel – und das Karma auch.

Leben Sie einfach Ihr Leben so, wie es sich für Ihr Herz und Ihr Bauchgefühl stimmig anfühlt, dann sind Sie auf der sicheren Seite. Wenn Ihnen ein Mitmensch wieder einmal gehörig auf die Nerven geht, überlassen Sie Ihren Ärger und Ihren Zorn ruhig dem guten alten Karma. Es wird alles regeln. ☺

Kapitel 9

Umbruch und Wandel der Menschheit

Vielleicht haben Sie schon davon gehört, dass die Erde und all ihre Bewohner im Jahr 2012 einen 26.000-jährigen Zyklus abgeschlossen hat, wir von der dritten Dimension der dichten Energie in die fünfte Dimension aufsteigen. Das klingt sehr abgehoben und esoterisch, ist aber nichts anderes als ein weiterer Evolutionsschritt der Erde. Aber was bedeutet das? Und was heißt das für die Menschheit? Wir haben uns weiterentwickelt und sind bereit für das nächste Level, das auch das „Goldene Zeitalter" genannt wird. Die Menschheit hat sich mit ihrem freien Willen ausgetobt, man sieht ohnehin, was dabei rausgekommen ist, und jetzt ist es an der Zeit, dass die göttliche Ordnung einkehrt. Mutter Erde hat ganz schön was abbekommen, und die Gier nach Geld hat so viel Schaden angerichtet, dass Gott und die geistige Welt nun eingreifen bzw. aktiv den Umbruch mitgestalten. Bitte nicht falsch verstehen, Geld und Reichtum sind nichts Schlechtes; ganz im Gegenteil, wenn man es richtig anwendet, kann man wirklich viel damit bewirken. Es spricht überhaupt nichts dagegen, reich zu sein, ein tolles Leben im Reichtum zu führen, solange man Verantwortung übernimmt und auch die anderen, denen es nicht so gut geht, daran teilhaben lässt und für Umverteilung sorgt. Die Gier und der Kapitalismus bzw. die leider oft damit verbundene Ausbeutung von Mensch und Mutter Erde sind das, was nicht in Ordnung ist. Fakt ist, dass in Zukunft nur mehr die Betriebe existieren werden, die auf das Wohl aller achten und faire Wirtschaft betreiben. Wenn man ein wenig recherchiert, findet man schon sehr viele Firmen, denen genau diese Grundwerte am Herzen liegen. Alles andere wird über kurz oder lang zerbrechen.

Energien wie Gier, Zorn, Neid, Hass usw. sind niedrigschwingende und dichte Energien. Stellen Sie sich vor, Sie betreten einen

Raum, in dem Menschen gerade arg streiten. Es geht um Geld und Neid, keiner gönnt dem anderen etwas. Wie fühlt es sich an? Fühlen Sie sich wohl darin? Sie würden diesen Raum wahrscheinlich sofort verlassen. Liebe, Freude, Lachen, Glückseligkeit usw. sind hochschwingende Energien. Und jetzt stellen Sie sich vor, Sie betreten danach einen Raum, in dem von Herzen fröhlich lachende Menschen sind, die Sie mit ihrem Lachen anstecken, ein Raum, in dem Sie sich so richtig wohl und geborgen fühlen. Sie werden in die Gemeinschaft aufgenommen und möchten gar nicht mehr weg. Das ist der Dimensionswechsel.

Seit 2012 sind wir mitten im Reinigungsprozess und im Umbruch. Wie schon im Kapitel 2 kurz beschrieben, muss man sich diesen Prozess wie einen Umzug vorstellen. Allerdings braucht es dafür schon etliche Jahre, genauer gesagt bis 2032, bis wir mit den Aufräum- und Selektionsarbeiten fertig sind. Na ja, es ist schon ein kleiner Unterschied, ob man in ein neues Haus oder ein ganzer Planet umsiedelt. ☺

Das erklärt auch die ganzen Katastrophen, den Zusammenbruch von Politik und der Finanzwelt, aber auch im privaten Bereich, in dem sich viele von ihrem Partner oder ihrer Familie trennen, weil sie sich diesem oft toxischen Umfeld nicht mehr aussetzen wollen. Viele wechseln den Arbeitsplatz, in dem sie sich schon lange nicht mehr wohl fühlen und nicht mehr als moderne Sklaven zur Verfügung stehen möchten.

Die Menschen fragen sich, ob sie an alten Dingen festhalten wollen, die ihnen nicht mehr guttun oder sie sich lieber davon lösen, um sich auf etwas Neues einzulassen, das sie glücklich macht. Wie schon öfter vorher erwähnt, ist es ratsam, auf seine Seele und sein Herz zu hören, bevor man brachial von den Umständen getrennt wird, die einem nicht guttun. Es gibt kein Verstecken oder Vertuschen mehr, alles kommt jetzt an die Oberfläche, und zwar in allen Bereichen.

Denken Sie daran, was in den letzten Jahren in der Politik alles aufgedeckt worden ist, was sich auf wirtschaftlicher Ebene abgespielt hat. Vor ein paar Jahren sind Korruption, Betrug usw. noch unter den Teppich gekehrt worden, und mit ein paar

Scheinchen an der richtigen Stelle war alles wieder im Lot. Das funktioniert nun nicht mehr; wer nicht korrekt arbeitet, muss mit den darauf folgenden Konsequenzen rechnen. Alles kommt nun ans Licht, Gerechtigkeit kehrt ein. Man darf gespannt sein, was da in nächster Zeit noch so hochkommt.

Es ist einfach unglaublich, unfassbar und teilweise grausam und brutal, was sich auf der Erde abspielt. Ständig nur negative Nachrichten in den Medien, only bad news are good news, nur schlechte Nachrichten sind gute Nachrichten. Dabei wären gerade in Zeiten wie diesen positive Berichterstattungen so wertvoll!! Wenn Sie sich etwas Gutes tun wollen, verzichten Sie darauf, die Zeitung genauestens zu studieren oder die Fernsehnachrichten zu konsumieren. Man bekommt höchstens Depressionen davon, und die eigene Handlungsfähigkeit ist auf globaler Ebene ohnehin sehr beschränkt. Das heißt nicht, dass Sie mit Scheuklappen durch die Gegend rennen und das Weltgeschehen komplett ausblenden sollen, aber wenn Sie sich den Nachrichten aussetzen, betrachten Sie bitte alles auf Distanz, ohne dass Ihre Seele darunter leidet. Es bringt niemanden etwas, wenn Sie nicht mehr lachen und das Leben als sinnlos betrachten. Ganz im Gegenteil, wenn Sie in Ihrer Mitte bleiben, Ihrem Umfeld Gutes tun und Zuversicht vermitteln, dann leisten Sie einen großen Beitrag, um den Aufstieg zu erleichtern. Wenn das alle Menschen machen würden, sähe die Menschheit schon ganz anders aus!

Auf göttlicher Ebene ergibt dieser Zusammenbruch auf Mutter Erde natürlich einen Sinn. Wir sehen die Geschehnisse nur aus einem kleinen Fenster, Gott und die geistige Welt kennen das Große und Ganze. Darum sollten wir wirklich ins absolute Vertrauen gehen, denn sie wissen genau, dass alles, was passiert, seine Richtigkeit hat. Auch wenn es uns manchmal sehr schwerfällt, dies zu glauben, wir verzweifelt sind und oft keine Hoffnung mehr haben. Aber das gehört auch zum Menschsein dazu und ist ganz normal. Wichtig ist in diesen Phasen, dass man weitergeht, auch wenn man kein Licht am Ende sieht. Nach einiger Zeit der Dunkelheit taucht es immer auf, auch wenn man nicht mehr daran glaubt. Meistens genau in diesen Momenten, in denen man überhaupt keine Kontrolle mehr hat und denkt, das war es jetzt, kann uns die geistige Welt am besten helfen, weil unser Ego bzw. unser Verstand, sich nicht mehr einmischen und sie uns dann leichter führen kann. Für uns Menschen sind diese dunklen Phasen natürlich ein Wahnsinn und bringen uns an die Grenze des Erträglichen. Niemand denkt sich in solchen Zeiten: „Wow, was für eine tolle Herausforderung!" Aber genau diese Phasen sind es, die uns wachsen lassen und für die wir hier sind. Jeder Mensch durchlebt sie, und es hilft ungemein, wenn man weiß, dass es jedem so geht. Sicherlich gibt es ganz coole, toughe Typen, die behaupten, keine Probleme und immer alles im Griff zu haben, aber lassen Sie sich von diesen Menschen bitte nicht blenden! Sie verdrängen die Problematik und wollen nur keine Schwäche zeigen.

Aber zurück zum Umbruch, in dem wir uns gerade befinden. Außergewöhnlich viele Seelen verlassen den Planeten, weil sie den anstrengenden Aufstieg nicht mitmachen und uns aus dem Jenseits besser helfen können. Mutter Erde erhöht jetzt auch ihre Schwingung, ihre Frequenz. Vielleicht haben sie schon mal von der Schumann-Frequenz gehört, dem Puls unseres Planeten. Sie finden im Internet zahlreiche Informationen und Berichte über diesen Herzschlag von Mutter Erde.

Da sich die Schumann-Frequenz jetzt sukzessive erhöht, spürt das natürlich auch der Mensch. Das ist auch der Grund dafür, warum derzeit so viele Menschen krank sind. Einerseits hat das auch mit dem göttlichen Reinigungsprozess, der uns alle betrifft, zu tun, aber auch gleichzeitig mit der Erhöhung der Frequenz von Mutter Erde. Diesen Reinigungsprozess müssen wir durchlaufen, ansonsten sind wir nicht in der Lage, mitzugehen. Das heißt, dass wir zurzeit und auch noch in nächster Zukunft, so lange mit unseren unterdrückten bzw. verdrängten Problemen konfrontiert werden, bis wir uns derer annehmen und sie auflösen. Das ist zwar ein sehr schmerzhafter Prozess, aber notwendig.

Auch unser Körper muss sich auf die neue Dimension einstellen bzw. neu justieren. Typische Symptome für diese Neuausrichtung sind Schwindel, Herzrasen, Magen-Darmsymptome, Gliederschmerzen usw. Hierzu finden Sie auch wieder zahlreiche Artikel im Internet. Aber bitte suchen Sie bei länger anhaltenden Symptomen immer einen Arzt auf! Fakt ist, dass auch Corona ein Reinigungsprozess ist – so wie alle Naturkatastrophen und auch die schlimmen Kriege, die noch stattfinden. Das alles sind niedrigschwingende Energien der dritten Dimension, die jetzt an die Oberfläche gelangen und aufgelöst werden müssen, damit wir in die fünfte Dimension aufsteigen können. All diese furchtbaren Phänomene begleiten uns noch ein paar Jahre, aber alles hat ein Ende, und man kann auch schon viele Phänomene der neuen Zeit beobachten. Viele großartige Projekte zum Thema Umweltschutz sind am Laufen, Nachhaltigkeit und Umdenken sind angesagt. Die Menschen demonstrieren gegen unmögliche Arbeitsbedingungen, junge Leute kleben sich auf der Straße fest, um die zähe Politik zum Handeln zu bringen. Die alten Schulsysteme aus Nachkriegszeiten reformieren sich langsam, der Vatikan debattiert über einen Zölibatserlass, und die Diversität der Menschen wird zunehmend öffentlich anerkannt. Frauen kämpfen für Gleichberechtigung und können durchaus schon beträchtliche Erfolge vorweisen. Immer mehr Männer nehmen das Angebot des Papamonats bzw. Elternteilzeit an, um selbst bei den Kindern anwesend zu sein. Work-Life-Balance wird immer wichtiger, sodass schon eine recht ansehnliche Zahl an Firmen die Vier-Tage-Woche anbietet. Die künstliche Intelligenz, KI genannt, wird im Leben immer mehr eingegliedert und erleichtert den Menschen den Alltag im Beruf, aber auch im privaten Bereich. Manches wirkt noch sehr befremdlich, wird jedoch immer mehr zur Selbstverständlichkeit werden. Die geistige Welt passt auf uns auf, dass die Ethik gewahrt wird und der Mensch die KI kontrolliert und nicht umgekehrt.

Auch wenn für uns Menschen oft alles viel zu langsam passiert, geschieht alles in einem göttlichen Zeitrahmen, entwickelt sich kontinuierlich.

Bis 2050 wird sich das ganze Leben komplett verändern. Bis dahin leben wir CO_2-neutral, das ganze Transport- und Verkehrswesen wir sich neu konzipieren. Die Zeiten der fossilen Energien sind vorbei und werden nach und nach auslaufen. So schlimm die Coronapandemie auch war, so tragisch der Krieg in der Ukraine auch ist, haben diese einschneidenden Katastrophen auch etwas Gutes hervorgebracht. Die Industrie und die Menschen haben gesehen, wie abhängig sie von den fossilen Energien sind. Ein großes Umdenken in der Energiepolitik hat stattgefunden; die alternativen Energien wie Photovoltaik, Windenergie, Geothermie usw. haben sich mittlerweile etabliert und werden vorangetrieben. Die Mobilität wird zunehmend co2-neutral, die Öffis immer mehr forciert. Es steckt zwar alles noch in Kinderschuhen und es bedarf sicherlich noch einiges an Korrekturen, aber es passiert unaufhaltsam. Die Welt wird immer sicherer, auch wenn uns in den Medien etwas anderes vorgegaukelt wird. Noch nie lebte der Mensch so friedlich und in Wohlstand wie jetzt. Wir müssen noch vieles in Griff bekommen, aber wenn wir uns gemeinsam bemühen, haben wir in naher Zukunft die Möglichkeit, uns das Paradies auf Erden zu schaffen.

Wenn Sie mehr über das „Goldene Zeitalter" wissen wollen, gibt es natürlich auch im Internet sehr gute Artikel und im Handel zahlreiche Bücher wie z. B. „Aufstieg von Erde und Menschheit" von Diane Cooper.

Übrigens passiert dieser Aufstieg automatisch. Jeder Mensch durchläuft diesen Aufstiegsprozess in seinem Tempo – vom Entwicklungsstandpunkt seiner Seele ausgehend. Manche sind schon etwas weiter, manche beginnen jetzt. Ankommen werden wir alle einmal. Früher oder später.

Freuen wir uns auf das Goldene Zeitalter, das jetzt angebrochen ist!

Kapitel 10

Der Sinn des Lebens

Was ist der Sinn des Lebens? So viel Geld wie möglich zu scheffeln? Eine Familie zu gründen? Berühmt zu werden? Ein eigenes Imperium aufzubauen? Glücklich und zufrieden werden?

Ich denke, das ist individuell von Person zu Person verschieden. Junge Menschen verstehen darunter meist, sich gut auszubilden, einen großartigen Job zu bekommen und Karriere zu machen. Menschen um die 30 Jahre möchten dann oft eine Familie gründen, sesshaft werden bzw. sich eine materielle Stabilität aufbauen. Oftmals bleiben wir in einem Job hängen, der uns weder Freude bereitet noch Entwicklungschancen bietet. Aber wir machen ihn, damit die Familie versorgt ist, die Grundversorgung vorhanden ist. So ziehen wir unsere Kinder auf und begleiten sie so gut wie möglich durch die Kindheit. Aber diese kommen dann irgendwann in die Pubertät und brauchen uns nicht mehr in dem Ausmaß wie noch als Kleinkinder. Wir haben dann mehr Zeit für uns, und immer öfter beschleicht uns das Gefühl, dass das doch nicht alles gewesen sein kann. Viele bekommen dann eine Midlife Crisis und machen die verrücktesten Dinge, um sich nochmals jung zu fühlen. Andere fragen sich: *Was ist der Sinn des Lebens? War das alles?*

Manche beginnen, sich beruflich komplett neu zu orientieren, und arbeiten dann in einem neuen Job, der ihnen Freude bereitet. Einige engagieren sich im sozialen Bereich, arbeiten vielleicht ehrenamtlich, wieder andere setzen sich mehr mit ihrer Spiritualität auseinander und finden hier ihre Erfüllung. Einige Menschen kommen zu der Einsicht, sich mehr der Familie widmen zu wollen, die sie berufsbedingt vernachlässigt haben. Viele kommen zur Einsicht, dass Geld nur bedingt glücklich macht, dass es mehr bedarf als ein volles Konto, um ein zufriedenes und harmonisches Leben zu führen. Jeder erlebt diese Phase unterschiedlich, aber bei niemanden geht sie spurlos vorbei. Man sucht die Essenz des Lebens; das, was wirklich wichtig und richtig für uns ist. Im Alter zwischen 40 und 50 Jahren möchten sehr viele noch einmal das Leben umkrempeln, um es so gestalten, dass sie sich wohlfühlen, in Zufriedenheit alt werden. Natürlich gibt es auch einige Menschen, die einfach ihre Zeit bis zur Pension verstreichen lassen, nichts Großartiges verändern möchten, um dann in der Rente das Leben genießen zu können. Das ist durchaus legitim und bleibt jedem selbst überlassen. Es sollte nur das Bestreben jedes Einzelnen sein, das Bestmögliche aus seinem Leben zu machen, auf sein Herz zu hören bzw. seinem Seelenplan zu folgen. Auch wenn unser Leben wichtige Meilensteine vorgegeben hat, um unseren Seelenvertrag zu erfüllen, sollten wir doch versuchen, das Leben so gut wie möglich auszukosten. Auch auf Erden haben wir einen freien Willen, den wir einsetzen können, um hier unser Leben, trotz der ganzen Herausforderungen, selbst zu gestalten. Ich kann mir auch in schlechten Zeiten etwas Gutes tun, um diese Phase zu überstehen. Dauerjammerei und eine permanente negative Lebenseinstellung bringen einen auch nicht unbedingt weiter. Natürlich steht es uns auch mal zu, dass wir einen Durchhänger haben, nicht mehr weiterwissen, uns verlassen fühlen, traurig und deprimiert sind. Diese Emotionen müssen auch rausgelassen werden, aber irgendwann ist es auch genug, denn das Leben geht weiter, und es liegt an uns, ob wir immer das Negative oder auch das Positive sehen. Es gibt einen alten Spruch, der lautet: Selten ein Schaden, der nicht auch einen Nutzen hat. Und eines ist auch sicher: Irgendwann geht alles vorbei, auch die dunklen Phasen.

Liegen wir auf unserem Sterbebett, sollten wir in Ruhe und Frieden auf ein erfülltes Leben zurückblicken, in dem wir alles gegeben haben, wir das Gefühl haben, das Beste daraus gemacht zu haben. Wir sollten nichts bereuen oder mit negativen Gefühlen im Herzen unsere Reise ins Jenseits antreten. Hierzu kann ich auch ein Buch empfehlen, nämlich „5 Dinge, die Sterbende am meisten bereuen" von Bronnie Ware.

Aber auch in diesem Kapitel möchte ich nochmals erwähnen, dass es keinen Grund zur Besorgnis gibt oder wir Angst haben müssen, etwas falsch zu machen. Wir werden von den höheren Mächten begleitet, um nicht zu weit vom Weg abzukommen. Somit sind wir immer auf dem richtigen Weg, unseren Seelenplan zu erfüllen, unsere Erfahrungen zu sammeln.

Hier kommt automatisch die Antwort auf die Frage nach dem Sinn des Lebens. **Der Sinn des Lebens ist einfach das Leben selbst, indem wir unsere Erfahrungen machen und unsere Seele, in weiterer Instanz natürlich Gott, sich weiterentwickelt!**

Kapitel 11

Gott und das Universum

Gibt es ein extraterrestrisches Leben im Universum? Ist es möglich, dass es noch eine zivilisierte Bevölkerung außerhalb der Erde gibt? Na ja, es wäre ziemlich naiv und kurzsichtig, dies auszuschließen. Das Universum bzw. die Universen haben noch mehr zu bieten als ein paar Planeten und Sterne, die der Mensch bereits erschlossen hat. Natürlich gibt es mehrere zivilisierte Völker auf anderen Planeten und Sternen. Das übersteigt unseren Horizont, kann auch Angst machen. Wir wissen ja nicht, ob diese Völker uns, wenn sie unseren Planeten besuchen, wohlgesonnen sind oder nicht. Ohne irgendwelchen schwurbeligen Verschwörungstheorien zum Opfer zu fallen, gibt es bereits Beweise, dass schon längst extraterrestrische Wesen auf der Erde zu Besuch waren. Wie man sich vorstellen kann, wird das natürlich unter Verschluss gehalten, solange es geht. Fakt ist, dass es in den letzten Monaten und Jahren vermehrt viele Sichtungen von unbekannten Flugobjekten sowie Lichterscheinungen gab, die dokumentiert wurden und wissenschaftlich nicht erklärbar sind. Noch hört es sich für uns sehr befremdlich und unfassbar an, aber das wird sich in den nächsten Jahren deutlich ändern. Andere Zivilisationen haben sich bereit erklärt, uns und Mutter Erde beim Aufstiegsprozess zu helfen. Hier ist auch wieder zu unterscheiden, dass es Wesen mit physischem Körper und ohne Körper gibt. Seelen können auf der Erde in einem menschlichen Körper oder auch ohne Leib auf anderen Planeten leben. Auf jedem der Himmelskörper gibt es andere Herausforderungen, die es zu erlernen gibt – auf der Erde, wie schon in den Kapiteln zuvor ausführlich erklärt, das Materielle und die Dualität.

Wir Menschen müssen lernen, über den Tellerrand zu blicken und offen zu sein für außertourliche Gegebenheiten, die unsere Vorstellungskraft übersteigen. Was mochten sich die

Menschen vor mehr als 2000 Jahren gedacht haben, als Jesus von Wiederauferstehung, Heiligem Geist und Himmelreich sprach? Die meisten waren mehr als skeptisch, bis er ihnen das Gegenteil bewiesen hat. Als die Angst vor ihm und seinen Theorien zu groß wurde, richteten sie ihn ja schließlich hin. Scheinbar haben die Menschen diesbezüglich nicht sehr viel dazugelernt. Alles, was nicht gleich erklärbar und wissenschaftlich nicht belegbar ist, wird sofort als Hirngespinst hingestellt oder überhaupt verschwiegen, vertuscht und weggesperrt. Aber ich denke, wir Menschen können die Wahrheit verkraften; sollten auch diesbezüglich informiert und aufgeklärt werden. Auch wenn es wissenschaftlich nicht nachvollziehbar ist, haben wir ein Recht darauf, zu erfahren, wenn Besucher von außerhalb der Erde kommen. Warum sollte Gott nur uns Menschen und Tiere erschaffen haben? Wie anmaßend und arrogant ist diese Haltung, zu glauben, dass der Mensch das Ende der Fahnenstange der Evolution ist? Wie könnten wir davon profitieren, mit anderen Völkern zu kommunizieren und Erfahrungen auszutauschen? In weiterer Zukunft wird das auch passieren. Wir müssen uns nicht fürchten, alles geschieht in dem Tempo, in dem wir Erdenbewohner auch dazu bereit sind.

Die Menschen glauben an Gott, die Engel und an die Seelen der Verstorbenen bzw. die eigene Seele, aber nicht daran, dass es noch andere Lebensformen als unsere gibt. Im Grunde genommen sind das auch nur wieder Seelen, Energiefelder, wie wir auch, nur in anderer Erscheinungsform. Es fällt uns eben schwer, die Dimensionen des Universums zu erfassen, weil jeder von uns seinen Mikrokosmos erschaffen hat, in dem er sich sicher fühlt. Es kommt noch eine spannende Zeit auf uns zu, in denen Ereignisse stattfinden werden, die über unseren menschlichen Verstand weit hinausgehen werden. Haben wir Vertrauen in Gott und die geistige Welt, dass sie uns nur wohlgesonnene Wesen senden, die uns helfen können, die Galaxie und das Universum besser zu verstehen. Lassen wir uns überraschen!

Kapitel 12

Spirituelle Tipps und Rituale, die das Leben erleichtern

In Zeiten wie diesen, in denen wir Menschen von Krisen sehr gebeutelt werden, ist es außerordentlich wichtig, bei sich und in seiner Mitte zu bleiben. Ich werde Ihnen einige Tipps geben und Rituale anführen, die Ihnen dabei helfen können, sich zu finden bzw. zu zentrieren und die dunklen Phasen halbwegs unbeschadet zu durchtauchen. Was Sie davon anwenden, bleibt vollkommen Ihnen überlassen. Probieren Sie einige Methoden doch aus, um zu schauen, was am besten zu Ihnen passt!

Bevor Sie mit einem spirituellen Ritual beginnen, ist es das Um und Auf, sich in die Stille zu begeben und Ruhe zu finden. Lassen Sie Ihre Gedanken ziehen, ohne sich darauf einzulassen. Es bringt nichts, wenn Sie meditieren wollen und innerlich den Einkaufszettel oder die To-do-Liste durchgehen. Nehmen Sie sich ausreichend Zeit dafür, dass Sie sich richtig fallen lassen können, um in die Stille zu finden. Sie sollten mindestens eine Stunde dafür einplanen. Wenn Sie schon geübter sind, reicht schon eine halbe Stunde aus. Zum Beten brauchen Sie nicht mehr als eine Viertelstunde. Zünden Sie eine Kerze an, um eine angenehme Atmosphäre zu schaffen und die Schwingung zu erhöhen. Machen Sie es sich so bequem wie möglich; wenn Sie möchten, können Sie auch leise Meditationsmusik hören.

Meditation

Hierbei nehmen Sie eine entspannte Haltung im Liegen oder im Sitzen auf einem Sessel ein. Die Fußsohlen liegen komplett am Boden auf, und die Sitzhaltung ist gerade. Wenn Sie noch nie meditiert haben, gibt es z. B. auf YouTube Tausende geführte Mediationen, die gesprochen sind, und mit denen es Ihnen leichter fällt, in die Tiefenentspannung zu kommen. Später sind Sie auch allein in der Lage, diesen wunderbaren, tiefenentspannten Zustand zu erreichen. Man fühlt sich danach wie neugeboren und ist wieder fit für den Alltag.

Yoga

Die mittlerweile überall bekannte Bewegungsform aus Indien kann auch helfen, zu entspannen, seine Gedanken loszulassen und wieder Kraft für den Alltag zu tanken. In jeder größeren Ortschaft werden schon Kurse – vom absoluten Anfänger bis zum Profi – angeboten.

Beten

Wenn Sie etwas belastet, haben Sie keine Scheu, Gott und die geistige Welt um Hilfe zu bitten. Die geistige Welt besteht aus unserem Schutzengel, Engeln für bestimmte Lebenssituationen, die variieren können, geistigen Führern, die schon als Menschen auf der Erde waren und ihre Erfahrungen einbringen können, aufgestiegene Meister/innen wie z. B. Jesus, Mutter Maria, Maria Magdalena, Buddha usw., lieben Verwandten, die schon vorausgegangen sind und von drüben helfen. Jede Seele hat ihr eigenes Team, das ihr immer hilfreich zur Seite steht. Je nach Lebenssituation verändert sich die Anzahl.

Kein Problem ist zu klein, um dessen Lösung Sie nicht bitten sollten. Unsere geistigen Freunde freuen sich, wenn Sie Kontakt aufnehmen und sie helfen können! Sie dürfen immer nur dann eingreifen, wenn sie darum gebeten werden. Also nur zu! Wenn Sie in der Lage sind, diesen vorher erwähnten Zustand der Tiefentspannung zu erreichen, ihre Gedanken zu kontrollieren, sind Sie auch in der Lage, mit ihnen zu kommunizieren. Dies bedarf jedoch einige Zeit und viel Übung. Sie können aber auch mittels Zeichen mit der geistigen Welt in Kontakt treten.

Stellen Sie ihnen eine Frage, und bitten Sie, dass sie Ihnen eine Antwort senden sollen. Dann können Sie sicher sein, dass unsere geistigen Freunde einen Weg finden, Ihnen diese zukommen zu lassen. Das kann z. B. eine Textzeile eines Liedes im Radio sein, die Ihnen auf einmal auffällt, neben Ihnen fährt ein Lkw mit der Antwort in der Aufschrift, Sie sehen einen Film, in dem ein Schauspieler etwas sagt, das genau die Antwort auf Ihre Frage ist. Die geistige Welt ist sehr kreativ und findet immer einen Weg, Ihnen zu antworten. Vielleicht dauert es etwas, bis Sie die Antwort entdecken, aber unsere Freunde werden es so lange versuchen, bis Sie es gecheckt haben. Gott und die geistige Welt hören uns immer, auch wenn wir das Gefühl haben, allein zu sein. Wenn wir um etwas bitten, und es erfüllt sich nicht gleich oder gar nicht, ist entweder die Zeit noch nicht reif oder nicht für uns bestimmt. Dann kommt höchstwahrscheinlich etwas anderes, das zwar nicht genauso ist, wie wir es uns gewünscht haben, aber mit Sicherheit passt es besser für uns. Vertrauen Sie den höheren Mächten und überlassen Sie diesen Ihre Wünsche und bitten Sie um die optimale Erfüllung. Sie sehen das gesamte Ausmaß Ihres Wunsches und nicht nur den kleinen Ausschnitt, den wir wahrnehmen können. Bitten Sie sie auch um Hilfe, damit Sie Ihren Seelenplan, Ihre Berufung erkennen, und dass Sie von ihnen bzw. Gott geleitet werden. Hören Sie auf Ihr Bauchgefühl und Ihr Herz, dann sind Sie auf dem richtigen Weg.

Räuchern

Eine alte Tradition aus vielen kulturellen Kreisen ist das Räuchern, wobei dies nicht nur zu Weihnachten praktiziert werden sollte, sondern immer, wenn sich negative Energien angestaut haben. Negative dichte Energien setzen sich überall ab. Wenn in einem Raum gestritten wurde und Sie diesen kurz darauf betreten, spüren Sie intensiv ein negatives Energiefeld. Auch andere Emotionen wie Traurigkeit, Depression, Hass, Niedertracht, Rachegedanken usw. lagern sich in den Räumen ab. Darum ist es ratsam, dass Sie mehrmals jährlich, nach dem Putzen und Lüften, die Räume räuchern. Vor allem nach dem Frühjahrsputz zu räuchern, ist sehr effektiv. Das alte Jahr bzw. die Energien davon werden weggeräuchert, und Neues kann kommen! Die Wohnung bzw. das Haus fühlt sich danach wie frisch gewaschen an. Anleitungen zum Räuchern finden Sie wiederum im Internet oder in spezifischen Büchern.

Erden

Eines der meines Erachtens wichtigsten Rituale ist das Erden. Vor allem jetzt, in der Zeit des spirituellen Aufstiegs, ist es für uns Menschen umso wichtiger, die Bodenhaftung nicht zu verlieren. Da wir spirituelle und weltliche Wesen sind, ist es elementar, sich mit dem Himmel und der Erde zu verbinden. Stellen Sie sich breitbeinig auf eine Wiese, und stellen Sie sich vor, wie starke Wurzeln aus Ihren Fußsohlen hervorsprießen und sich tief mit Mutter Erde verwurzeln. Sie sind ein starker Baum, der sich mit der Erde verbindet und mit Sie eins werden. Sie sind so kräftig, dass Sie nichts mehr so leicht umhaut. Führen Sie diese Übung bitte anfangs täglich durch. Auch sehr effektiv sind Wandern und Spaziergänge in der Natur. Aber bitte nehmen Sie sich Zeit, genießen sie die Natur, lauschen Sie den Geräuschen der Umgebung, spüren sie den Boden, auf dem Sie gehen. Betrachten Sie die Blumen am Wegrand, vielleicht entdecken Sie auch Tiere. Wir sind von voller Pracht umgeben und merken es oft gar nicht, weil wir den Weg nur abmarschieren. Gehen Sie mit Bedacht, mit Aufmerksamkeit, genießen Sie das großartige Werk Gottes!

Kraftorte

Begeben Sie sich doch an Kraftorte, um ihre Akkus wieder aufzuladen. Wir haben viele solcher Plätze, und ich bin mir sicher, dass auch Sie einen in näherer Umgebung haben, den Sie leicht zu Fuß erreichen können. Die Natur ist sowieso *der* Kraftort schlechthin. Vor allem im Wald, bei Seen, Flüssen oder am Meer können wir sehr gut abschalten und runterkommen. Gotteshäuser, Kapellen, Marterl usw. sind ebenso wahre Kraftspender. Die Erbauer wussten sehr wohl, wo sie diese Gebäude errichteten. Diese stehen auf starken Kraftfeldern und helfen schon seit Ewigkeiten den Menschen, Ruhe und Frieden, in ihre Stärke zu finden. Auch viele nicht religiöse Menschen suchen diese Plätze auf, um wieder mit sich im Einklang zu sein. Es gibt auch bereits viele Kraftorte, die von spirituellen Menschen gefunden wurden und auch ausgewiesen sind. Hierzu finden Sie auch wieder im Internet viele Informationen.

Das sind nur ein paar von vielen Möglichkeiten, um wieder in Balance zu kommen. Wenn nichts zu Ihnen passt, bitten Sie doch die geistige Führung um Hilfe, dass Sie die richtige Methode für sich finden.

Nachwort

Von der Grundidee bis zur Fertigstellung des Buchs brauchte ich fünfzehn Jahre. Inzwischen ist viel passiert; die Welt hat sich in den vergangenen Jahren rapide verändert, und nichts ist mehr so, wie es einmal war. Wir Menschen sind verunsichert und suchen nach Antworten, die wir in den Religionen oft nicht erhalten. Als ich ein Interview eines Pfarrers und einer Nonne in einer Zeitung las, in dem sie berichteten, dass immer mehr Menschen ihnen die Frage stellen würden, warum Gott bei all den Katastrophen auf der Erde zusieht und nichts unternimmt, hat mir die geistige Welt geraten, das Buch zu schreiben, da die Zeit jetzt reif wäre. Diese Niederschrift ist ein Herzensprojekt von mir, weil ich es als meine Pflicht erachte, den Menschen Antworten zu bieten, die ihnen Trost und Zuversicht geben sollen. Wir sind immer in Begleitung unserer geistigen Freunde; wir brauchen uns vor der Zukunft nicht zu fürchten. Alles ist in Ordnung, so wie es ist. Wir sind in Ordnung, so wie wir sind!

Wie schon im Vorwort erwähnt, sollten Sie meine Wahrnehmungen und Erfahrungen als Gedankenanstoß nehmen und nicht als die ganze Wahrheit sehen. Spüren Sie, was sich für Sie richtig anfühlt, und versuchen Sie, Ihre eigene Wahrheit zu finden. Vielleicht können Sie ja in einigen Punkten zustimmen und manches bestätigen. Vertrauen Sie auf Ihre Intuition, hören Sie auf Ihr Bauchgefühl! In dieser Zeit des Umbruchs, des Aussortierens, des Aufstiegs, sollte es uns ein Trost sein, dass alles seine göttliche Ordnung hat, wir wirklich behütet und beschützt sind, auch wenn wir oft das Gefühl haben, allein zu sein. Aber gerade in diesen Zeiten müssen wir vertrauen, dass alles seinen Sinn hat und vorübergeht. Es wird noch ein paar Jahre dauern, dann wird Mutter Erde neu erstrahlen und wir mit ihr. Wir werden an die sehr herausfordernden, extremen Zeiten zurückdenken und froh sein, dass alles so gekommen ist, wie es ist. Eine neue Menschheit mit einem neuen Bewusstsein entsteht, und Mutter Erde wird sich erneuern. Auch wenn wir oft verzweifeln, nicht mehr daran glauben, sollten wir trotzdem voller Gottvertrauen und Zuversicht nach vorne schauen. Wir haben schon so viel geschafft, das letzte Stück schaffen wir auch noch! ☺

Alles Liebe,
Karin Vukmanic-Widy

Danke!

Ich möchte von Herzen Gott und meinem geistigen Team meinen tiefsten Dank aussprechen, dass sie mir dieses Buch zum Geschenk machten, mir halfen, es niederzuschreiben und zu veröffentlichen! Ihr seid einfach großartig!

Ich möchte auch meinem Mann Thomas und meinen beiden Mädels Annika und Sophie meinen größten Dank aussprechen, weil sie mich so wundervoll unterstützten, mir Mut zusprachen, immer für mich da waren und immer für mich da sind! Ich liebe Euch!

Und ich möchte mich bei Ihnen, liebe Leserin, lieber Leser, bedanken, dass Sie das Buch gekauft haben und Sie vielleicht auch mithelfen, unsere Zukunft positiv mitzugestalten. Seien Sie durch das Universum behütet und beschützt!

DIE AUTORIN

Karin Vukmanic-Widy wurde am 1976 in Leoben geboren und wuchs auch dort auf. Ihr Brotberuf ist gelernte Werkzeugmaschineurin, Systembetreuerin und CAD-Technikerin und sie arbeitete im technischen Bereich in verschiedenen Firmen, unter anderem auch in der Forschung. 2006 heiratete sie, absolvierte nach der Geburt ihrer beiden Kinder die Ausbildung zur Energetikerin und arbeitete nebenbei in diesem Bereich, bis sie in die Schulassistenz wechselte. Von Kindheit an war sie medial begabt und hatte immer einen großen Bezug zur Spiritualität, immer öfter kamen Menschen auf sie zu, um Antworten auf ihre spirituellen Fragen zu bekommen. Seit 2023 befindet sie sich in einem Sabbatical, um herauszufinden, welcher Weg für sie passt und wohin er führt. Dadurch fand sie die nötige Zeit, endlich dieses Buch zu schreiben.

DER VERLAG

VINDOBONA
VERLAG · SEIT 1946

ein Verlag mit Geschichte

Bereits seit 1946 steht der Vindobona Verlag im Dienst seiner Bücher und Autoren. Ursprünglich im Bereich periodisch erscheinender Journale tätig, präsentiert sich der Verlag heute als kompetenter Partner für Neuautoren am deutschen, österreichischen und schweizerischen Buchmarkt. Engagement, Verlässlichkeit und Sachverstand – das sind die Grundpfeiler, auf denen der Verlag seit jeher sicher steht.

Sie möchten mit Ihrem Werk das vielseitige Verlagsprogramm bereichern? Der Vindobona Verlag garantiert Ihnen eine professionelle Prüfung Ihres Manuskriptes durch das Lektorat sowie eine zeitnahe Rückmeldung.

Genauere Informationen zum Verlag
finden Sie im Internet unter:

www.vindobonaverlag.com